相続・贈与のお金と手続き

弁護士・税理士が教える最善の進め方Q&A大全

文響社

巻頭マンガ

財産の多い人・少ない人も相続人のいる人・いない人も相続対策が今すぐ必要

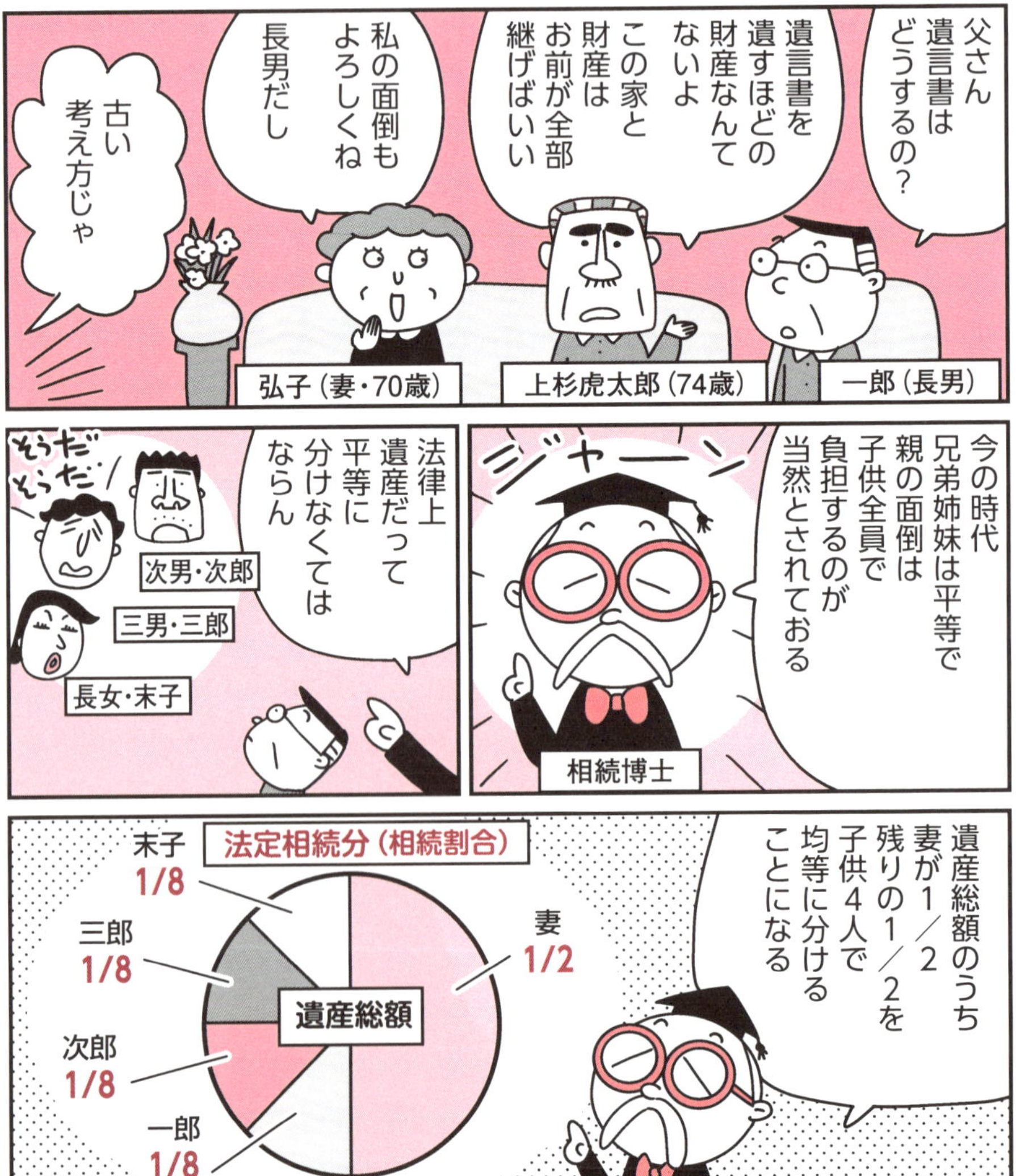

でも父さんは次郎に住宅資金三郎に教育資金末子に結婚資金を贈与しただろ苦労知らずの弟や妹たちと何ももらわず親の面倒も見ているオレが同じ相続割合なんてそれこそ不平等だ！
それはお前にはこの家と財産を譲るつもりで……
やはり一郎さんに自宅を相続させる旨の遺言書を作るべきじゃ
認知症になると無効じゃからなるべく早く作るといい
すぐ作ってくれ
ただし遺留分に注意しなくてはならん
遺留分？
相続人に認められている最小限の相続分じゃ
？
法定相続分が1／8の場合にはその半分の1／16が弟や妹さんの遺留分となる
相続財産の総額を1／16ずつ分けると…
200万円くらいかしら
それから弟や妹さんに贈与した多額の資金は特別受益となり相続財産に持ち戻される
特別受益？
特定の相続人が多額の生前贈与などを受けた利益のことじゃ特別受益を加えた遺産総額を相続人で分け合うことになるこれを「特別受益の持戻しルール」という非課税で贈与をしても相続税の課税対象になるから要注意じゃ
まオタクの場合相続税は関係ないわね
ん？

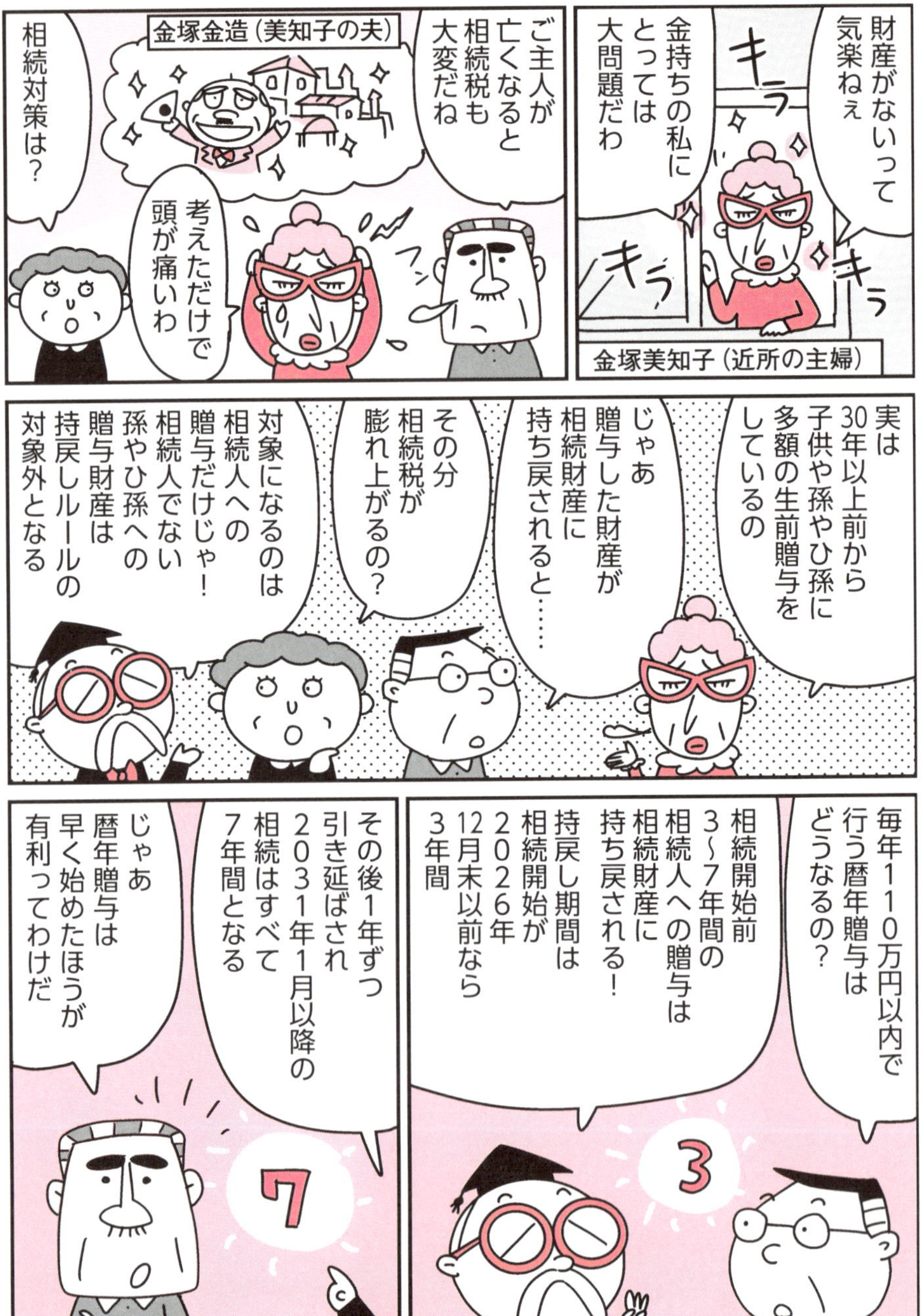

財産がないって気楽ねぇ
金持ちの私にとっては大問題だわ
キラ
キラ
キラ
金塚美知子（近所の主婦）
ご主人が亡くなると相続税も大変だね
金塚金造（美知子の夫）
考えただけで頭が痛いわ
フン
相続対策は？
実は30年以上前から子供や孫やひ孫に多額の生前贈与をしているの
じゃあ贈与した財産が相続財産に持ち戻されると……
その分相続税が膨れ上がるの？
対象になるのは相続人への贈与だけじゃ！相続人でない孫やひ孫への贈与財産は持戻しルールの対象外となる
毎年110万円以内で行う暦年贈与はどうなるの？
相続開始前3～7年間の相続人への贈与は相続財産に持ち戻される！持戻し期間は相続開始が2026年12月末以前なら3年間
3
その後1年ずつ引き延ばされ2031年1月以降の相続はすべて7年間となる
7
じゃあ暦年贈与は早く始めたほうが有利ってわけだ

※本書のマンガはフィクションであり、実在する人物とは一切関係ありません

巻頭図解

ひと目でわかる！ 相続手続き&生前贈与・相続税対策の勘どころ

生前対策

＊下の図は相続税対策の例。生前対策としては、遺言書の作成などを行っておくことも重要

60代 ← 50代

生前贈与・相続税対策の例

生前贈与の定番

暦年贈与（暦年課税）

贈与

贈与税非課税

1人につき年間110万円までを贈与

相続時精算課税を選ぶと暦年課税には戻れない

相続時精算課税

贈与

持戻しの対象とならない孫などへの贈与がおすすめ

生命保険の活用

生命保険金は非課税枠が大きい

不動産の購入

相続税評価額が軽減

贈与税・相続税のポイント

◉**生前贈与の節税効果**

生前に財産を贈与した分、相続財産（遺産）が減るため、相続税を軽減でき、無税にすることも可能。

◉**贈与税の基礎控除**

年間110万円の基礎控除内の贈与は非課税となる（暦年課税）。これを利用する贈与の方法が暦年贈与。

◉**7年ルールに要注意！**

暦年贈与の場合、相続開始前3〜7年間に贈与した財産は、相続財産に持ち戻されて相続税が課される。ただし、相続人でない人（例えば孫）に贈与した財産は持戻しの対象外。

◉**相続時精算課税の選択**

総額2500万円までを贈与税なし

突然死　意識不明の重体　認知症　こうなる前に対策を！

80代　70代

相続開始前３～7年間の贈与※1

暦年贈与の7年ルール

※1. 2026年12月末までは相続開始前3年間。期間は徐々に延長され、2031年1月からは完全に7年間

相続税の課税対象に！

相続財産に持ち戻される

贈与税
相続税
非課税

基礎控除
年間110万円を新設

贈与税
非課税

1人につき総額2,500万円までを贈与

相続税の課税対象に！

贈与財産（基礎控除分を除く）は相続財産に持ち戻される

特別受益※2として相続財産に持ち戻される

※2. 被相続人から生前贈与などによって相続人が得た利益のこと（相続人以外の人への贈与は対象外）

教育資金の贈与
1,500万円までを贈与

結婚・子育て資金の贈与
1,000万円までを贈与

住宅取得等資金の贈与
1,000万円までを贈与

贈与税
非課税

配偶者への自宅の贈与

相続財産への持戻しはしなくていい（生命保険金も同様）

2,000万円までを贈与

で贈与できるうえに、年間110万円の基礎控除も新設された。ただし、この課税方式を選択すると、暦年課税に戻れなくなる（暦年贈与ができなくなる）ので要注意。

●特別受益に要注意！

教育資金、住宅取得等資金、結婚・子育て資金については、贈与税なしで贈与できる。ただし、妻や子供などの相続人に贈与した場合には特別受益として相続税の課税対象となる。

●配偶者への自宅の贈与

基礎控除110万円との合計で2110万円までを贈与税なしで贈与できる。贈与した自宅については、相続財産への持戻しの対象外となる。

●贈与契約書は必ず作成を！

贈与は口約束でも成立するが、これを証明するのは非常に困難。税務調査が入ったときに備えて契約書を作っておくことが重要となる。

●相続税の基礎控除

相続財産の総額が「3000万円＋600万円×法定相続人の数」の基礎控除内に収まれば、相続税の申告・納税は不要となる。

相続開始後の主な手続き

*下の図は、一般的な手続きの流れ

死亡直後 → 死後7日以内 → 14日以内 → 3ヵ月以内

相続開始（被相続人の死亡）

- 死亡診断書（死体検案書）の取得※1
- 死亡届、火葬許可申請書の提出　**期限：7日以内**
- 健康保険・厚生年金の被保険者資格喪失届　▶被相続人が会社員や公務員だった場合　**期限：5日以内**
- 世帯主変更届　**期限：14日以内**
- 年金受給者死亡届（加えて未支給年金の請求※2）　▶被相続人が年金受給者だった場合　**厚生年金：10日以内　国民年金：14日以内**
- 公共料金・クレジットカードなどの解約※3
- 国民健康保険・介護保険の被保険者資格喪失届　▶被相続人が加入者だった場合　**期限：14日以内**
- 遺言書・相続人・相続財産などの調査
- 相続放棄または限定承認の申述　**期限：3ヵ月以内**

通夜・葬儀・告別式

法要 → 初七日 → 四十九日 → 納骨

＊一般に、死後49日よりも前

遺言書があった場合は遺言を執行する

＊自筆証書遺言の場合は原則、家庭裁判所の検認が必要

※1. 通常は死亡診断書が発行されるが、病院以外の場所で医師の診療を受けずに死亡したときは監察医によって死体検案書が発行される

※2. 未支給年金は、本来もらえるはずの年金が支給されないままになってしまう年金のこと。年金受給者が死亡すると、ほぼ確実に発生するので、請求を忘れないよう注意が必要

※3. 電気やガス、水道などを引き続き利用する場合には、解約ではなく、名義変更手続きを行う

4ヵ月以内　10ヵ月以内　1年以内　3年以内　5年以内

- 所得税の準確定申告※4　期限：4ヵ月以内
  - ▶被相続人が確定申告を必要としていた場合
- 遺産分割協議※5　原則10ヵ月以内
- 預貯金の解約・名義変更など　原則10ヵ月以内
- 相続税の申告・納税　期限：10ヵ月以内
- 遺留分侵害額の請求　原則1年以内
- 不動産の相続登記※6　期限：3年以内

時効のある手続き

5年で時効	2年で時効
●遺族年金の請求	●葬祭費の申請 ●埋葬料の申請 ●高額療養費の申請 ●高額介護サービス費の申請

※忘れないよう早めに手続きを行うこと

一周忌　三回忌　七回忌

遺言書がなかった場合は相続人全員で協議を行う

※4. 被相続人が個人事業主で、その事業を承継する場合には、事業承継による確定申告を原則4ヵ月以内に行う必要がある

※5. 遺産分割協議に期限はないが、相続税の申告・納税の期限が10ヵ月以内なので、申告が必要な場合には10ヵ月以内に協議をまとめなければならない

※6. 2024年4月1日より相続登記が義務化され、3年以内に名義変更を行わないと罰則の対象となるので要注意

目次

第2章 相続編② 忘れると大変！「相続の手続き」についての疑問16

第3章 相続編❸ 思いどおりに遺産を譲る「遺言書」「遺贈」についての疑問14……53

第9章 生前対策編③ 知らないと損！「新しい生前贈与ルール」についての疑問11 …… 149

第1章

相続編❶

まず知っておきたい「相続の基本」についての疑問14

▶Q1～14◀

回答者
東池袋法律事務所
弁護士
根本達矢《ねもとたつや》

相続人の範囲、遺言書の効力、遺留分など相続では知らないと損することが盛り沢山

不正解じゃ！
えっ！なぜ？
代襲相続といって亡くなった相続人(母)の代わりに諸君が相続するんじゃ
そうか！ラッキー!!
ラッキーかのぉ 資産よりも借金のほうが多かったらどうする？
相続放棄をすれば？
ふむ その場合は原則3ヵ月以内の申述が必要となる
預貯金などのプラス財産だけを相続する限定承認という方法もある この申述を3ヵ月以内に行っておけば借金まで相続しなくてすむ
へぇーっ
では遺言書で勝平さんだけが相続人から外されていたらどうする？
そんな遺言書を父さんが遺すわけないだろ！
さんざん苦労をかけたからな
いやわからんぞ
遺留分
そのような場合には遺留分侵害額の請求を行えばいい
ただし遺留分の侵害があったことを知った日から1年以内に請求する必要がある
遺留分は原則法定相続分の1／2ね
ま自業自得だな
は…
半分……
このように相続では知らないと損することが山ほどあるまずは相続の基本をきちんと知っておくことが肝心じゃ
お父さまお茶でもいかが

Q1 そもそも「相続」とはなんですか？

A 亡くなった人の財産や権利・義務が、法律で定められた一定範囲の人に承継されること。

「相続」とは、人が亡くなったときに、その故人が持つ財産や権利・義務を、配偶者（妻または夫）や子供などの特定の人が引き継ぐことをいいます。

亡くなった人のことを**「被相続人」**、引き継ぐ人のことを**「相続人」**（財産を渡す人が生存している間は**「推定相続人」**という）、引き継ぐ財産や権利・義務のことを**「遺産」**または**「相続財産」**といいます。誰が相続人に該当し、どんなものが遺産になり、どのように引き継がれるかは、法律で定められています。

遺言書の内容は法定相続より優先する

相続の種類には、法律に基づく「法定相続」と、遺言書による「遺言相続」があります。

遺言書は被相続人が生前に自分の財産を誰にどのように引き継がせたいかを定めた文書のことで、法的に有効な遺言書がある場合は、原則として、その遺言の内容が法定相続よりも優先されます。遺言書がない場合には、民法で定められた法定相続を行うことになります。

なお、相続人（遺言書で指定された相続人または法律で定められた法定相続人）は、必ずしも相続を受け入れる必要はありません。自分の意思で相続を承認（「単純承認」または「限定承認」）したり、拒否（相続放棄）したりすることもできます。

相続とは

- 相続とは、被相続人の財産や権利・義務を遺された家族などの相続人が引き継ぐこと
- 相続の種類には、法定相続と遺言相続がある

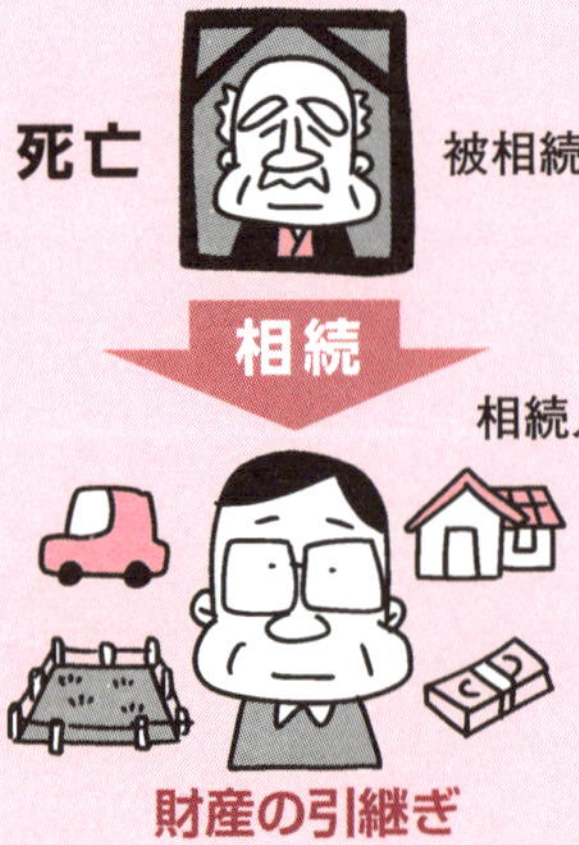

Q2 相続対策が必要なのは、お金持ちの人だけですか？

A 遺産が少なくても相続トラブルが多発。防ぐには、なんらかの相続対策が必要になる。

2023年に家庭裁判所に持ち込まれた相続トラブルのうち、資産1000万円以下で起こるケースが全体の約39%を占めると報告されています（『司法統計年報』より）。**これに資産5000万円以下で起こるケースの約44%と合わせると、約77%が5000万円以下の相続で発生していることになります。**

相続トラブルが起こりやすいのは、遺産（相続財産）の大半が不動産で現金や預貯金が少ないケースです。例えば、自宅を売却して遺産を分けると、被相続人（故人）の妻が家に住めなくなり、もめることになります。売却しないと相続税が払えないケースも少なくありません。

被相続人が要介護で、亡くなる直前まで介護していた人（長男の妻など）が寄与分を主張し、ほかの相続人ともめるケースもあります（Q56参照）。

相続人の数が多い場合や相続人どうしの関係が複雑な場合には、遺産をどのように分けるかを話し合う「遺産分割協議」が紛糾《ふんきゅう》することがあります。具体的には、被相続人に離婚歴があり、前妻との間に子供がいる、実子以外に養子縁組した子供がいるといったケースです。特定の相続人だけに生前贈与が行われていた場合にも、トラブルがよく起こります。

このように、相続には財産に加えて相続人どうしの個人的な感情も絡むため、親族間の争い「争族」となるのは、必ずしも資産家に限ったことではありません。

相続トラブルの例

- 不動産など分割が難しい財産が大半を占めている
- 相続人が亡くなる直前まで介護していた人がいる
- 相続人の数が多い
- 相続人どうしの関係が複雑
- 前妻との間に子供がいる、または養子がいる
- 生前贈与を受けた相続人がいる　など

Q3 相続における「遺産」とはなんですか？借金や債務も遺産になりますか？

A 被相続人が生前に有していた財産や権利・義務の全部。借金や保証債務も遺産になる。

遺産（相続財産）とは、被相続人（故人）が生前に有し**ていた財産や権利・義務のすべてをいいます。**

相続財産は、相続人にとって、プラスの価値がある「積極財産（資産）」と、マイナスの価値しかない「消極財産（負債）」に分けられます。プラスの積極財産には不動産、動産、現金、預貯金、有価証券などがあり、マイナスの消極財産には滞納した税金、借金、保証債務などがあります（下の図参照）。

相続によりマイナスの消極財産を引き継ぐと、「負債の返済義務」を負います。ただし、プラスの積極財産よりマイナスの消極財産が上回る場合、つまり、借金などの負債のほうが多い場合には、相続をしないで「相続放棄」という選択も可能です（Q13参照）。

なお、**被相続人に関係していても相続財産にならないものもあります。**具体的には、被相続人だけが持つ「一身専属権」（生活保護受給権・国家資格・親権など）、保険契約で相続人が受取人となっている「生命保険金」、「死亡退職金」、祭具（仏壇・位牌《いはい》など）や墳墓（墓地・墓石など）といった「祭祀《さいし》財産」です。

積極財産と消極財産

積極財産
（プラスの財産＝資産）

- 不動産（土地・建物など）
- 動産（自動車、家財道具、貴金属など）
- 現金・預貯金
- 有価証券
- ゴルフ会員権

など

消極財産
（マイナスの財産＝負債）

- 税金
- 地代・家賃
- 借金
- 保証債務

など

相続財産には、積極財産と消極財産がある。積極財産よりも消極財産のほうが多い場合には、相続放棄をするという選択も可能。

Q4 相続が発生すると、誰が民法上の「法定相続人」になりますか？

A 配偶者は常に相続人。子供や親、兄弟などは一定の順位で配偶者とともに相続人となる。

民法で定められている「法定相続人」は、被相続人（故人）の配偶者と血縁関係者（血族）に限られます。ここでいう血族とは、直系卑属《ひぞく》（子供や孫。婚姻期間以外に生まれた非嫡出子《ひちゃくしゅつし》、養子を含む）、直系尊属（父母や祖父母）、被相続人の兄弟姉妹のことをいいます。

法定相続人は、相続する順番（優先順位）も決まっていて、配偶者は常に相続人になります。

●第1順位＝子供（配偶者がいる場合は配偶者と子供）

死亡した子供がいる場合は、その子供（被相続人の孫）が相続人（代襲相続人という）になります。その孫も亡くなっている場合は、その子供（ひ孫）に代襲されます。この代襲には制限がありません。

●第2順位＝父母（配偶者がいる場合は配偶者と父母）

被相続人に子供がおらず、直系尊属の父母や祖父母が健在の場合、父母が相続人になります。父母がいない場

相続人の範囲の例

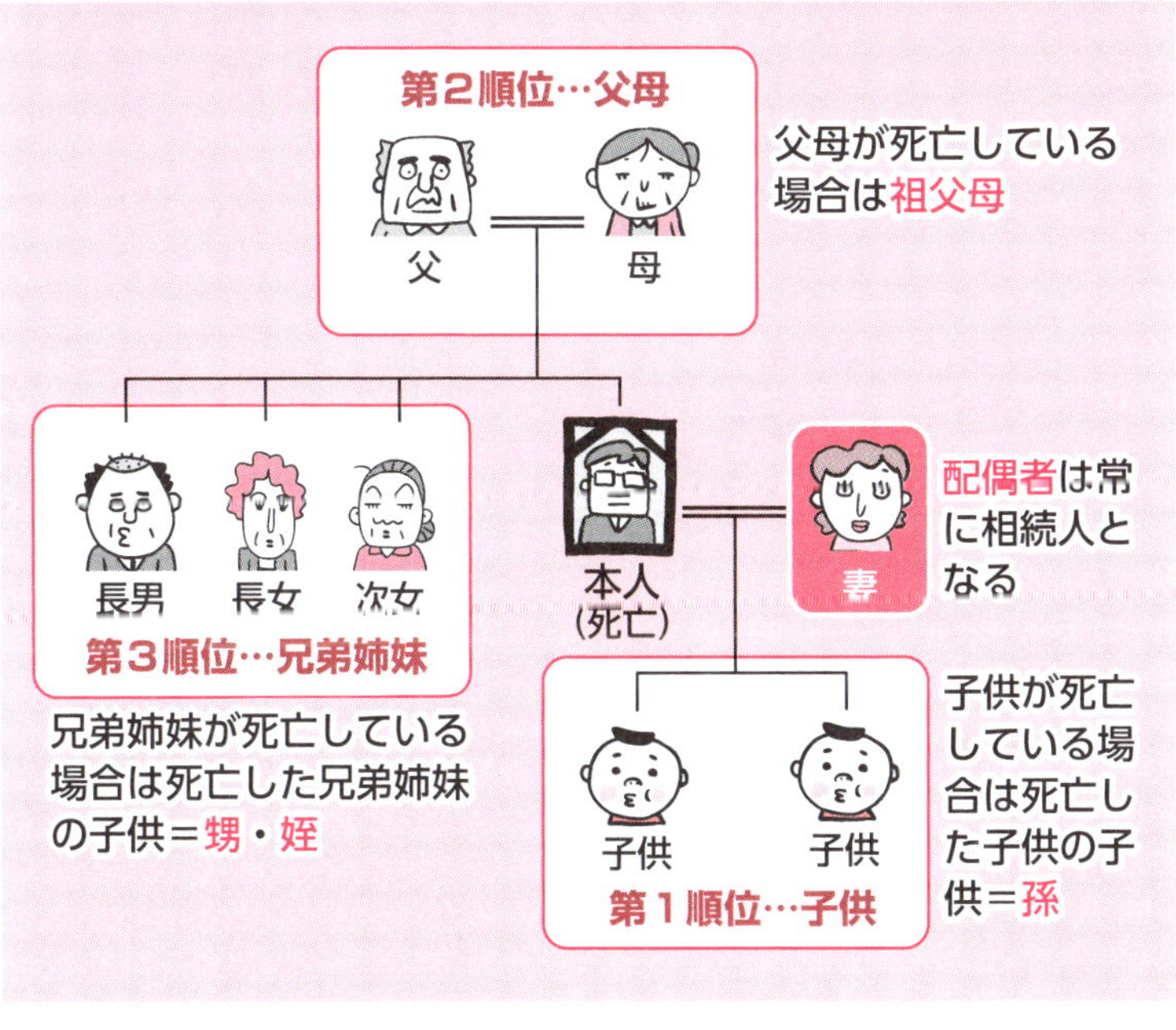

合、祖父母が相続人になるケースもあります。

●第3順位＝兄弟姉妹（配偶者がいる場合は配偶者と兄弟姉妹）

被相続人に子供（および代襲相続人）も直系尊属もいない場合は、兄弟姉妹が相続人になります。死亡した兄弟姉妹がいる場合、その子供（被相続人の甥《おい》・姪《めい》）が代襲相続人になります（兄弟姉妹の子供の再代襲はない）。

上記の同順位の相続人全員が死亡している場合は、次の順位の相続人に移ります。配偶者は婚姻届を出している人に限られ、内縁関係だと相続人にはなれません。ただし、内縁関係でも非嫡出子は相続人となります。

「相続欠格」や「廃除」となることも！

ちなみに、相続人が被相続人や先順位の相続人を殺害するなどの行為をした場合は「相続欠格」となります。また、暴力をふるうなどの行為をした相続人に財産を譲りたくない場合は、被相続人の意思で相続人を「廃除」にできます。相続欠格はすべての相続人を対象としますが、廃除は遺留分を有する法定相続人（配偶者・子・孫・ひ孫・父母・祖父母）だけが対象です。

Q5 法定相続人と「遺言書の相続人」が違う場合、どちらが遺産を相続しますか？

A 遺言書は民法で定めた相続人や相続割合より優先され、原則、遺言書のとおり相続する。

民法では「遺言者（被相続人）は、遺言によって財産の全部または一部を処分することができる」と定められています。つまり、相続では「遺言者の意思」が最優先され、相続人や相続割合を自由に指定できるのです。

遺言書がない場合や、遺言書はあっても相続人が指定されていない財産がある場合には、遺産分割協議を行います。原則として、民法で定められた法定相続分に基づいて話し合いが行われますが、相続人全員の合意があれば自由に遺産（相続財産）を分け合うことができます。

遺産分割協議がまとまらない場合には、家庭裁判所に「遺産分割調停」を申し立てます。この調停による相続人全員の合意に従って遺産を分割することになります。

Q6 法定相続人が複数の場合、民法上の遺産分割割合「法定相続分」はどうなりますか?

A **相続人の続柄と人数で決まる。配偶者と子供が相続人なら配偶者1／2、子供1／2。**

法定相続人が遺産（相続財産）を分配する割合は民法で定められており、これを「法定相続分」といいます。遺言書がない場合は、法定相続分に基づいて遺産が分配されます。

法定相続分は、法定相続人の組み合わせによって異なります（下の図参照）。一例を示しましょう。

●配偶者と子供1人の場合……配偶者が1／2、子供が1／2を相続

●配偶者がなく子供1人の場合……子供が全部を相続

●子供がなく配偶者と親1人の場合……配偶者が2／3、親が1／3を相続

●子供も配偶者もなく親2人の場合……親が1／2ずつを相続

●子供も親もなく配偶者と兄弟姉妹3人の場合……配偶者が3／4、兄弟姉妹が1／12ずつを相続

法定相続人の相続割合

● 配偶者がいる場合

法定相続人	配偶者	子供			親		兄弟姉妹		
		1人	2人	3人	1人	2人	1人	2人	3人
配偶者と子供	1/2	1/2	1/4	1/6					
配偶者と親	2/3				1/3	1/6			
配偶者と兄弟姉妹	3/4						1/4	1/8	1/12

● 配偶者がいない場合

法定相続人	子供			親		兄弟姉妹		
	1人	2人	3人	1人	2人	1人	2人	3人
子供	全部	1/2	1/3					
親				全部	1/2			
兄弟姉妹						全部	1/2	1/3

Q7 遺産は必ず法定相続分どおりに分割しなければなりませんか？

A 遺言書があればその内容どおり遺産を分け、なければ遺産分割協議で分け方を決める。

法定相続分は、家庭裁判所が遺産分割調停の申立てを受けて各相続人の遺産（相続財産）の相続分を決定するさいの指針となるもので、必ずしも法定相続分どおりに分割する必要はありません。

遺言書がない場合には、相続人全員による「遺産分割協議」で遺産をどう分けるかを話し合います。通常、法定相続分を基準に話し合われますが、これと多少違っていても合意が得られれば、合意どおりに遺産を分配できます。

遺言書がある場合は、原則として遺言書の指定どおりに遺産を分配します。遺言書で法定相続人以外の個人や団体などに「遺贈」することも可能です。相続人全員が合意すれば、遺言書の内容と異なる内容で遺産分割することもできます。

Q8 法定相続人でない孫や甥・姪、知人などに財産を譲る方法はありますか？

A 遺言書で遺産を相続させる、生前に贈与する、生命保険の受取人に指定しておくなど。

法定相続人以外の個人や団体に遺産（相続財産）を譲るには、遺言書を作成する、生前贈与を行う、生命保険金の受取人に指定するといった方法があります。

遺言書を作成すれば、法定相続人ではない内縁の妻や孫・ひ孫、世話をしてくれた長男の妻といった第三者に遺産を譲ることができます。遺言書では、誰にどの遺産を相続させるかを細かく決めることもできます。

法定相続人以外の人への生前贈与も有効です。生命保険金の受取人を法定相続人以外の人に指定するのもいいでしょう。

Q9 法定相続人にある「遺留分」とはなんですか？これは全員に認められますか？

A 法定相続人に認められている相続割合の最低限の保証。兄弟姉妹には遺留分がない。

遺言書では、誰にどのぐらいの割合で相続させるかを指定できるため、法定相続人の権利が大きく侵害される可能性があります。そこで、民法では、一定の「遺留分」を定めて、法定相続人の権利を保証しています。

遺留分とは、亡くなった人（被相続人）の法定相続人に、最低限保証された遺産取得分のことです。

民法では、遺留分の権利があるのは「兄弟姉妹以外の相続人」としています。つまり、配偶者、子供、直系尊属には遺留分がありますが、兄弟姉妹にはありません。

相続には「代襲相続」といって、相続人となるはずだった人が相続開始以前に死亡したり相続権を失ったりしている場合、その人の子供などに、その人が相続するはずだった相続分を認める制度があります。例えば、子供が死亡していてその子供（孫）がいる場合は、孫が代襲相続人となり、子供の相続権を引き継ぎます。代襲相

相続人と遺留分の割合

相続人	法定相続分	遺留分	各人の遺留分
配偶者と子供（または孫）	配偶者 1/2 子供 1/2	1/2	配偶者 1/4 子供 1/4
配偶者と父母（または祖父母）	配偶者 2/3 父母　1/3	1/2	配偶者 1/3 父母 1/6
配偶者と兄弟姉妹（または甥・姪）	配偶者 3/4 兄弟姉妹 1/4	1/2	配偶者 1/2 兄弟姉妹なし
配偶者のみ	全部	1/2	1/2
子供（または孫）のみ	全部	1/2	1/2
父母（または祖父母）のみ	全部	1/3	1/3
兄弟姉妹（または甥・姪）のみ	全部	なし	なし

続人となる孫には、遺留分の権利も与えられます。

ただし、兄弟姉妹には、そもそも遺留分が認められていません。そのため、兄弟姉妹の子供の甥《おい》や姪《めい》も、遺留分を主張することはできません。

遺留分についても割合が定められている

民法では、法定相続人の遺留分についての割合が定められています。**遺留分の割合は、法定相続人が誰かによって異なります。法定相続人が親や祖父母などの直系尊属の場合は、法定相続分の1／3、それ以外の人（兄弟姉妹を除く）が法定相続人の場合は、法定相続分の1／2となります（29ページの表参照）。**

例えば、相続人が配偶者と子供1人の場合、法定相続分は、配偶者が1／2、子供が1／2。遺留分はその1／2なので、配偶者と子供の遺留分は、それぞれ相続財産全体の1／4となります。

遺留分を下回る遺産分割がなされた場合は、その相続人は家庭裁判所に「遺留分侵害額請求」を申し立てることで、遺留分を取り戻すことができます（遺留分侵害を知った日から1年以内）。

Q10 自分の法定相続人は誰か、法定相続分も遺留分もわかる「一覧シート」はありますか？

A 31ページのシートに自分や親族の名前を書き込むだけで法定相続人などがすべてわかる。

法定相続人になる人の範囲や法定相続分、遺留分は民法で定められています。遺言書がある場合は原則、その相続人などの指定に従いますが、遺言書がなければ、法定相続人が法定相続分を引き継ぐことになります。

実際に自分の法定相続人になるのは誰か、法定相続分や遺留分はどれくらいかよくわからないという人は、左ページの「一覧シート」に、自分を中心に、配偶者や子供（第1順位）、孫（代襲相続人）の名前を書き込みましょう。父母（第2順位）や兄弟姉妹（第3順位）の名前も書き込んでください。すると、自分が亡くなったさいに自分の遺産を誰がどれくらい相続するのか、確かめることができます。

自分の相続人は誰か 法定相続分も遺留分もわかる 一覧シート

▼下の図に死亡した人の家族・親族の名前を書き込むと相続人や、それぞれの相続割合・遺留分がわかる

※図中の子供や親などの法定相続分は、配偶者が存命の場合

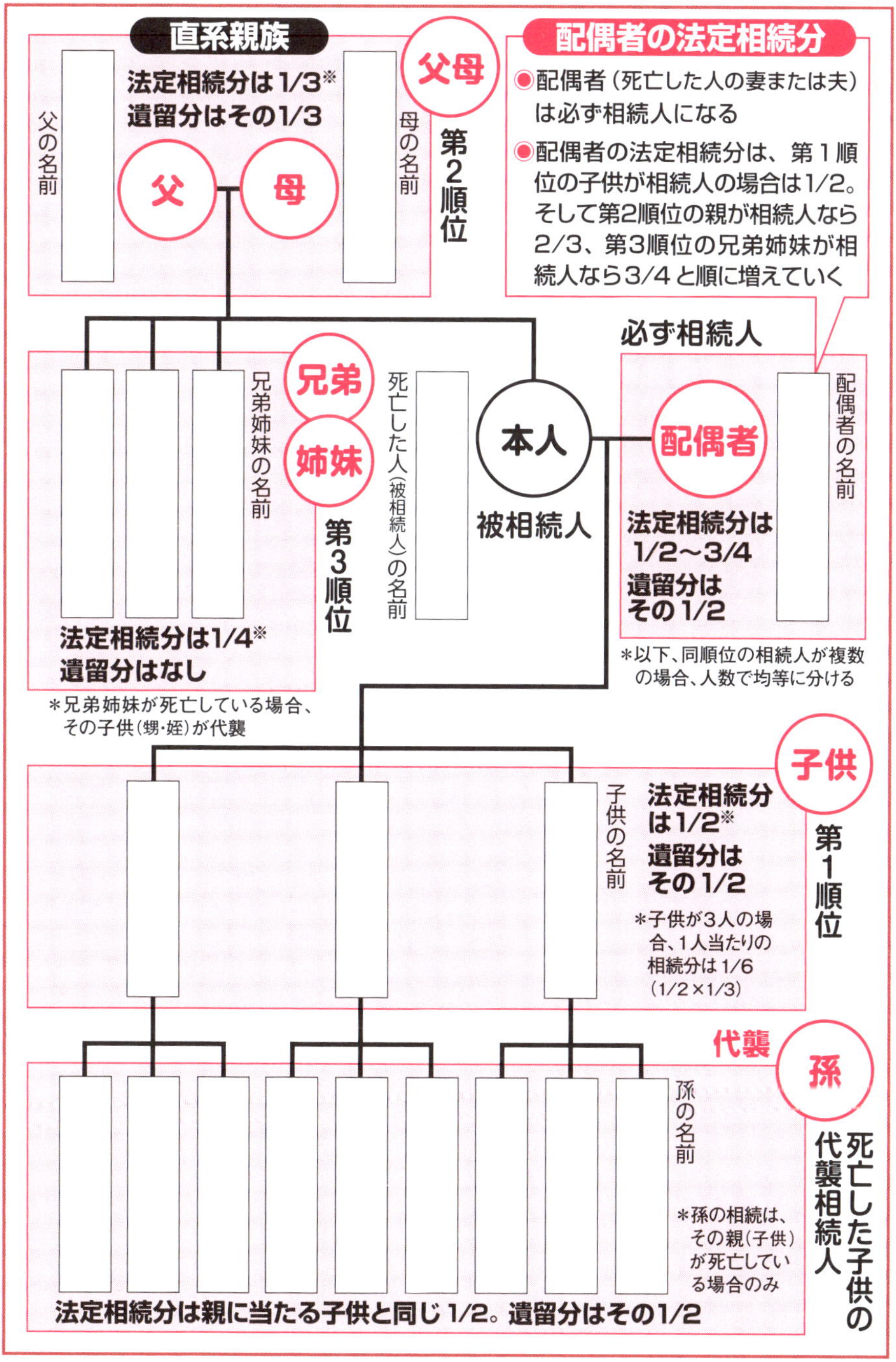

Q11 相続人の1人が遺産をすべて相続することはできますか？

A 遺言書がなく、遺産分割協議において相続人全員の合意が得られた場合には可能。

法定相続人が複数いても、遺産分割協議で相続人全員の合意を得られた場合には、1人の相続人が遺産（相続財産）をすべて相続できます。合意のあった旨を書いた「遺産分割協議書」を作成しておきましょう（Q54参照）。

また、被相続人（故人）が、特定の1人に遺産のすべてを相続させるという内容の遺言書を遺していた場合にも、1人が全部の遺産を相続することは可能です。

しかし、その内容の遺言書だと、ほかの法定相続人は遺産を1円も相続できないので、合意は得られないでしょう。このように遺留分が侵害されている場合、全遺産を相続した相続人に、遺留分侵害請求がなされることがあります（Q9参照）。十分な話し合いが必要です。

Q12 被相続人が「連帯保証人」になっていた場合、この保証債務を負うのは誰ですか？

A 法定相続人は連帯保証人の地位も相続する。将来、借金の返済が求められることもある。

連帯保証人とは、主たる債務者（借金をした本人）が返済できなくなったときに、保証した債務の返済義務を本人と連帯して負う人をいいます。

この連帯保証債務は、遺産（相続財産）を相続した相続人に引き継がれ、将来、借金の返済を迫られる可能性があります。連帯保証債務を免れるためには「相続放棄」の申述を行い、プラスの財産（資産）を含む遺産の相続放棄（または限定承認）をするしかありません。

ただし、法定相続人が被相続人（故人）の連帯保証人になっている場合、この相続人は相続放棄をしても連帯保証債務を免れることはできません。これは、相続とは関係のない相続人自身の債務と見なされるためです。

Q13 相続をしないで遺産分割協議にも加わりたくない場合には、どうしたらいいですか？

A 相続放棄を行えば相続人としての法的地位を失うため、遺産分割協議への参加も不要。

被相続人（故人）に多額の借金がある、資産よりも負債が多い、遺産（相続財産）の相続を望まないといった場合には、「相続放棄」を検討するといいでしょう。

相続放棄とは、被相続人の遺産を相続する権利を放棄する手続きのことです。これにより、相続人は全部の遺産の相続を拒否することになり、借金などの債務の返済義務も免れることができます。

相続放棄を行うには、被相続人が亡くなったことを知った日から3ヵ月以内に、家庭裁判所に申述する必要があります。この3ヵ月間は、相続を受けるか放棄するかを判断するための熟慮期間とされています。

申述先は、相続放棄をする人の住所地の家庭裁判所ではなく、被相続人の最後の住所地を管轄する家庭裁判所であることに注意してください。

相続放棄をすると、最初から相続人ではなかったと見なされます。そのため、遺産分割協議に加わる権利も義務もなくなります。

相続人ではない人に相続権が移ることも

ちなみに、同順位の相続人全員が相続放棄をした場合には、相続権は次の順位の法定相続人（Q４参照）に移ります。例えば、父の遺産をすべて母に譲りたいと考えて子供全員が相続放棄をすると、父の両親（いない場合は兄弟姉妹）が相続人になるので注意が必要です。この場合、子供が母に「相続分を譲渡」することで、母がすべての遺産を取得できます。

このように、相続放棄を行う場合には、遺産の内容や相続権の順位について考慮する必要があります。相続放棄をすると後で撤回できないので、十分に検討してから行ってください。

Q14 被相続人から生前に多額の財産をもらっている人も相続はできるのですか？

A 可能。ただし、生前贈与された財産はその価額を相続財産に加えて遺産分割することに。

被相続人（故人）から特定の相続人だけが住宅購入資金などの多額の財産を贈与されていた場合、その相続人の受けた利益のことを**「特別受益」**といいます。特別受益には、遺言書によって相続人に遺産（相続財産）を渡す**「遺贈」**、婚姻・養子縁組のための贈与や生計の資本のための贈与といった**「生前贈与」**があります。

婚姻・養子縁組のための贈与とは、豪華な結婚式の費用や多額の結納金、持参金、支度金などが該当します。ただし、すべてが特別受益と見なされるわけではなく、常識的な金額であれば、扶養《ふよう》の範囲内とされます。

生計の資本のための贈与には、借金を代わりに支払った、事業を始めるための開業資金を援助した、住宅を購入するための資金を援助したといったケースがあります（下の図参照）。

特別受益がある場合は、遺産分割のさいに特別受益額を相続財産に加えて、まず遺産総額を算出します。これを**「特別受益の持戻し」**といい、特別受益を加えた遺産総額に基づいて各相続人の相続分を計算します。特別受益を受けた相続人は、特別受益額を差し引いた分から遺産を受け取ることになります。

なお、**特別受益を受けた相続人に対して、ほかの相続人が特別受益の持戻しを主張できるのは、相続開始から10年以内です。**注意しましょう。

特別受益の例

- 婚姻や養子縁組に伴う多額の持参金や支度金
- 事業の開業資金
- 住宅を購入するための資金
- 土地・建物などの居住用不動産
- 借金の肩代わり
- 事業を継承する子供へ事業用資産の贈与
- 長期海外留学する子供の費用負担　など

第2章

相続編❷

忘れると大変！「相続の手続き」についての疑問16

▶ Q15～30 ◀

回答者

山本宏税理士事務所所長 税理士

山本《やまもと》 宏《ひろし》

山本文枝税理士事務所所長 税理士

山本文枝《やまもとふみえ》

相続手続きの大半は期限があり「忘れた」「知らなかった」ではすまされない

例えば死亡届は7日以内 年金受給者死亡届は10日または14日以内 世帯主変更届は14日以内などと定められておる
遅れるとどうなるの？
年金受給者死亡届を提出しなかった場合は以降に振り込まれた年金の返還義務を負ううえ懲役刑または罰金が科されることもある
懲役刑も……！
重要なのは遺言書・相続人・相続財産の調査じゃ これに期限はないが相続放棄の期限が3ヵ月以内なので遅くとも1ヵ月以内に着手しなければならん
相続人は母さんと私 弟2人の計4人だから調査するまでもないわ
そうとは限らん！ 隠し子がいる場合や遺言書に「○○に相続させる」とあればその人も相続人となる
か…隠し子……
まさか！ 断じて……
……断じておらん！
ちょっと考えてたわね
遺言書が見つかると自筆証書遺言なら検認手続きが必要になる！ 封を切らないで家庭裁判所に提出することじゃ
遺言書がない場合は？
相続人全員で遺産分割協議を行う必要がある！ 合意が得られたら全員で署名・捺印して協議書を作成する運びとなる
相続税の申告期限が10ヵ月以内だからそれまでに協議をまとめるのが一般的じゃ
このように相続手続きの多くに期限があり忘れてしまったではすまされない！ 滞りなく進めることが重要じゃ
お父さんいつでも大丈夫です
そうかい

Q15 相続が開始されると、どんな手続きが必要ですか？ 期限はありますか？

A 相続人の調査から相続税の納税まで、多くの手続きが必要。すべてを10ヵ月以内に行う。

誰でも亡くなるときには何かしらの遺産（相続財産）が遺り、死後に配偶者や子供、あるいは両親、祖父母、兄弟姉妹などの法定相続人が相続手続きを行います。

相続にかかわる主な手続きの流れは、下の図のとおり。中でも重要なのは、被相続人（故人）の死亡日（相続開始日）から10ヵ月以内に、相続税の申告・納税を行わなければならないことです。 この期限を過ぎると加算税や延滞税という二重のペナルティが課されることがあります。ですから原則、**死後10ヵ月を期限の目安として相続手続きを完了させる必要があります。**

10ヵ月間というと長く感じられますが、意外とあっという間です。**まず、被相続人が所有していた預貯金や株式、債券、投資信託、不動産、ゴルフ会員権、骨董品などの資産、あるいは借金などの負債をすべて調べて相続財産を確定する必要があります。これは相続放棄・限定**

相続にかかわる主な手続きの流れ

- **相続人・遺言書の調査** ＊死亡直後に始める
- **遺言書の検認、相続人の確定** ＊できるだけ早く行う
- **高額療養費・高額介護サービス費の申請** ＊２年で時効
- **準確定申告（税金の還付がある場合）** ＊期限：死後４ヵ月以内
- **相続財産の調査・確定** ＊遅くとも死後３ヵ月以内
- **相続放棄、限定承認の申述** ＊期限：原則、死後３ヵ月以内
- **遺産分割協議** ＊なるべく早く始める。原則、死後10ヵ月以内
- **相続財産の引き渡し・分配** ＊死後10ヵ月以内に行う
- **相続税の申告・納税** ＊期限：死後10ヵ月以内

承認の期限（原則、死後3ヵ月以内）までに行わなければなりません。高額療養費・高額介護サービス費の還付金、準確定申告による所得税の還付金も相続税の課税対象となるので、これらの手続きもできるだけ早く行います。

難航しがちな遺産分割協議は早く始める

次に、遺産分割協議も早めに行う必要があります。通常、相続人が配偶者と子供だけなら、相続手続きにはさほど時間がかかりません。しかし、子供がおらず配偶者と被相続人の父母や兄弟姉妹が相続人になる場合、認知した隠し子（婚外子）がいる場合、遺言書によって内縁の妻が遺贈を受ける場合などでは、遺産分割協議がかなり難航すると考えたほうがいいでしょう。

遺産分割協議が無事にまとまっても、相続財産に不動産があるときは相続登記、株などの有価証券があるときは名義変更、ゴルフ会員権があるときは名義書換えの手続きが必要になります。

さらに、遺言書によって相続から外された法定相続人（兄弟姉妹以外）がいる場合は、最低限保証されている遺留分（Q9参照）の請求が行われることがあります。

Q16 相続の手続きを期限内に行わなかった場合、ペナルティは課されますか？

A 準確定申告・相続税申告・不動産の相続登記は期限内に行わないとペナルティが課される。

遺産の相続手続きには、期限までに手続きを行わないとペナルティを課せられるものがあります。具体的には準確定申告（➡延滞税）、相続税の申告・納税（➡無申告加算税・延滞税）、不動産の相続登記（➡過料）です。

また、ペナルティではありませんが、相続放棄の手続きにも要注意。被相続人（故人）に負債がある場合、相続人は熟慮期間内（相続の開始を知った日から3ヵ月以内）に相続放棄を行わないと返済義務を負います。

相続以外の死後手続きでは、年金受給停止の手続きを行うことも忘れてはなりません。故人の年金が振り込まれると家族は不正受給を疑われ、刑事罰として3年以下の懲役、または100万円以下の罰金が課されます。

Q17 遺産の相続手続きは「誰が」「いつまでに」行えばいいですか？

A 相続人か遺言執行者が手続きを行い、相続税の申告・納税の期限までに完了させる。

遺産（相続財産）の相続手続きを行うのは、相続人、あるいは遺言執行者（遺言書で指定された執行者）です。

通常は、法定相続人の配偶者と第1順位である子供が共同で遺産の相続手続きを進めます。法定相続人には、第2順位である直系尊属（父母または祖父母）、第3順位である兄弟姉妹もおり、相続人として繰り上がったときには遺産の相続手続きを共同で行うことになります。また、相続人どうしで話し合い、1人（代表相続人）に相続手続きを任せることもできます。

自筆証書遺言や公正証書遺言などの法的効力が認められる遺言書が見つかった場合は、被相続人（故人）が指定した遺言執行者が相続手続きを行います（Q18参照）。

相続手続きの期限については、Q15で説明したように相続放棄・限定承認の期限である死後3ヵ月以内と、相続税の申告・納税の期限である死後10ヵ月以内の2つが目安になります。なお、不動産の相続登記は2024年4月1日以降、被相続人の死亡を知ってから3年以内に申請しなければならなくなりました（Q28参照）。相続手続きは速やかに完了させましょう。

相続手続きは相続人が行う

相続手続きは、主に法定相続人の配偶者と第1順位である子供が共同で行う。遺言書が見つかったときは、遺言者が指定した遺言執行者が相続手続きを行うこともある。

Q18

遺産の相続手続きは遺言書が「ある場合」と「ない場合」でどう違ってきますか？

A

遺言書があればその内容に従って相続手続きを行い、なければ遺産分割協議で決める。

遺言書は、遺言者（被相続人）が自分の意思で誰に、何を、どれだけ相続させるのかを決め、それを死後に執行させるための文書です。**遺言書があればその内容に従って遺産（相続財産）の相続手続きを行い、遺言書がなければ相続人どうしで遺産分割協議を行い、どのように相続するのかを決めます（一定の条件を満たせば、遺言書の内容と異なることを遺産分割協議で決めることも可能）。**

また、遺言者が遺言執行者を指定しているときは、その人が相続手続きを行います。遺言執行者の持つ権限は大きく、隠し子（婚外子）を相続人として認める「認知」や、特定の推定相続人（遺産を相続する可能性が高い人）の相続権を剥奪《はくだつ》する「相続人の廃除」を、遺言書の内容に準じて行うことができます。こうしたことから、遺言執行者には法律にくわしい弁護士、司法書士が指定されることも少なくありません。

被相続人が遺言執行者を指定するのは、遺言を確実に実現させるほかに、家族へ伝えることのできない特別な事情があるからです。被相続人が遺言執行者を指定するときには左の図のような事情があると考えられます。

遺言執行者が必要になるケース

● 隠し子（婚外子）を認知したい

遺言書で隠し子（婚外子）の認知を意思表示することを「遺言認知」という。遺言認知を実現するための届け出ができるのは遺言執行者だけ。

● 廃除を行いたい、または廃除を取消したい

廃除とは、虐待などを理由に特定の推定相続人の相続権を剥奪すること。廃除の申請、取消しを家庭裁判所に申立てできるのは遺言執行者だけ。

● 不動産を遺贈したい

相続人以外の人（受遺者）が不動産を遺贈された場合、受遺者１人での登記申請は不可。受遺者と遺言執行者が共同なら登記申請ができる。

● 遺言書があることを知られたくない※

相続人が遺言書を改ざんするおそれがある場合は、遺言書の存在を知られないようにするため、遺言執行者を指定して預けることがある。

※自筆証書遺言書保管制度が始まる2020年７月10日の前まで多かった

Q19 被相続人が「遺言書」を遺しているかどうかは、どうやって調査したらいいですか？

A 公正証書遺言は公証役場で遺言検索を申し出る。自筆証書遺言は法務局で調べる。

遺言書が遺されているかどうかを調べる方法には「公証役場で調べる」「法務局で調べる」「銀行で調べる」「自宅で調べる」の4つがあります（下の図参照）。

通常、被相続人（故人）が法的効力を重視して遺言書を遺していれば、公正証書遺言を公証役場に保管しているか、自筆証書遺言書保管制度を利用しているかのどちらかです。まずは公証役場と法務局で調べるといいでしょう。自筆証書遺言書保管制度を利用している場合は、指定した相続人に通知が届くこともあります。

ほかに遺言書の保管場所として考えられるのが、銀行と自宅です。信託銀行で遺言書の作成・保管・執行を引き受ける「**遺言信託**」を扱っているほか、銀行の「**貸金庫**」に保管されている可能性もあります。**自宅に遺言書が保管されていることも多いので、金庫や机の引き出し、押し入れなどを調べましょう。**エンディングノートがあれば、遺言書の有無、保管場所が記載されているケースもあります。

親しい人に遺言書を預けていることがあるので、利害関係者に遺言書の有無を確認することも大切です。

遺書の有無を調査する方法

● 公証役場で調べる

被相続人が公正証書遺言を遺していると予想される場合は、相続人などの利害関係者が公証役場で遺言検索を申し出ることができる。

● 法務局で調べる

被相続人が自筆証書遺言書保管制度を利用していると予想される場合は、法務局で確認できる。遺言者が指定した相続人に通知が届くこともある。

● 銀行で調べる

被相続人が信託銀行に遺言信託をしていると予想される場合は、死亡通知をする。また、銀行の貸金庫に遺言書が保管されていることも多い。

● 自宅で調べる

自宅の金庫などに遺言書が保管されていることがある。また、エンディングノートに遺言書の有無、保管場所が記載されていることもある。

Q20 遺言書が見つかったら、どんな手続きが必要ですか？

A 自筆証書遺言なら検認手続きが必要。遺言書は開封しないで裁判所に提出すること。

自宅などで自筆証書遺言が見つかった場合は、開封せずにそのまま家庭裁判所へ提出し、「検認」の手続きを受けます。自筆証書遺言は、検認の手続きを受けることによって法的効力を持ち、相続手続きで使えるようになるのです。

公正証書遺言が見つかった場合は、検認を行う必要はなく、そのまま相続手続きに使うことができます。

被相続人（故人）が自筆証書遺言書保管制度を利用していた場合は、保管先の法務局に遺言書情報証明書を請求します（自筆証書遺言の原本は法務省に保管）。検認は不要です。相続手続きは、この遺言書情報証明書を使って行います。

Q21 被相続人の「遺産の調査」は、いつまでに行いますか？

A 遅くとも相続放棄と限定承認の期限の1ヵ月前までには遺産の調査を完了すること。

遺産（相続財産）の調査の期限について、特に決まりはありません。とはいえ、**遅くとも相続放棄（Q29参照）と限定承認（Q30参照）の期限である熟慮期間（相続の開始を知った日から3ヵ月以内）の1ヵ月前まで（通常は死後2ヵ月以内）には調査を完了すべきでしょう。**

遺産には預貯金や株式、不動産などのプラスの財産（資産）だけでなく、借金などのマイナスの財産（負債）が含まれる場合もあります。相続を承諾すると資産だけでなく負債も引き受けなければならないので、相続放棄や限定承認の決断は相続人にとって非常に重要なことです。ですから、できるだけ早く調査して遺産の全容を明らかにすることが望ましいといえます。

Q22 被相続人が貯めていた「預貯金」の調査は、どう行いますか？

A 銀行や信用金庫の預貯金口座を凍結し、残高証明書や取引履歴、利息計算書を請求する。

被相続人（故人）名義の預貯金の口座に残高がいくらあるかを必ず調査します。**預貯金の調査の流れは、❶死亡通知をして口座を凍結する⬇❷口座の名寄せをする⬇❸残高や取引履歴の証明書を請求する**（下の図参照）。複数の銀行や信用金庫などに口座がある場合は、この調査を金融機関ごとに行います。

重要なポイントは、被相続人が死亡した日の残高を明らかにすること（残高証明書を取得すること）**です。そのためには、口座から不正にお金が引き出されないように、できるだけ早く銀行や信用金庫などに死亡通知をして口座を凍結する必要があります。**また、死亡した日から口座凍結をした日までにタイムラグがある場合は、死亡前後の取引履歴を見て不正な出金が行われていないかどうかを確認しなくてはなりません。

なお、このような手順で調査するのは、多くの相続人で遺産分割協議を行う必要がある場合です。相続人が少なく、すでに相続分割の話し合いがついているような場合は、急いで口座を凍結する必要はありません。

相続財産となる預貯金の調査手順

❶ 死亡通知をして口座を凍結する
➡ 死亡時の残高を確定させるために口座を凍結する

❷ 口座の名寄せをする
➡ 同じ銀行・信用金庫で開設した全口座を洗い出す

❸ 残高や取引履歴の証明書を請求する
➡ 相続手続きで必要になる書類を取得する

Ⓐ 残高証明書を発行してもらう
➡ 死亡した日付で残高証明書を出してもらう

Ⓑ 取引履歴を発行してもらう
➡ 死亡前後の預貯金の出し入れを確認する

Ⓒ 利息計算書を発行してもらう
➡ 相続税の申告で利息計算書が必要になる

Q23 被相続人が投資していた「株式」などの調査は、どう行いますか？

A 証券会社の口座は年間取引報告書や、ほふりの登録済加入者情報を調べればわかる。

被相続人（故人）が投資していた株式、債券、投資信託などの調査は、被相続人がどの証券会社に口座（一般口座・特定口座・NISA《ニーサ》口座）を開設しているのかがわかる場合と、わからない場合で調べ方が異なります。

まず、口座を開設した証券会社がわかる場合は、その口座を管轄する支店に口座名義人の死亡通知をし、残高証明書を発行してもらいます。 口座のある証券会社を知る手がかりとしては、「年間取引報告書」（特定口座の確定申告で必要）、「キャッシュカード」（証券会社が発行したもの）、取引にかかわる「郵便物」などがあります。

次に、口座を開設した証券会社がわからない場合は、「証券保管振替機構（ほふり）」に登録済加入者情報の開示請求を行います。 証券会社は株式などの売買を仲介するだけで、証券そのものは、ほふりが保管しています（セキュリティトークンのようなブロックチェーンなど対象外のものもある）。ですから、被相続人が株式などを所有していれば、ほふりに開示請求をすることで、どの証券会社に口座があるかがわかります。ただし、この開示請求には戸籍謄本などの書類が必要です。

証券会社の口座を知る手がかり

● 年間取引報告書

特定口座（一般口座・NISA 口座では発行されない）の1年間の収入額、支出額、源泉徴収額などが記載された書類。確定申告の損益通算に使う。

● キャッシュカード

証券会社の口座から現金を出し入れするときに使うカード。大手証券会社だけでなく、一部のネット証券もキャッシュカードを発行している。

● 郵便物

定款変更の知らせ、サービス変更の知らせ、インサイダー取引を行っていないことの定期的な確認など、証券会社から郵便物が届くことがある。

● 証券保管振替機構（ほふり）

ほふりは、証券会社から預けられた投資家の株式などを保管する振替機構。登録済加入者情報の開示請求をすれば口座のある証券会社がわかる。

Q24 被相続人が所有していた「不動産」の調査は、どう行いますか？

A 遺産となる不動産の地番、家屋番号を登記済証などで特定し、登記簿謄本を取得する。

被相続人（故人）が所有していた不動産の相続手続きの流れは、❶地番・家屋番号を特定する➡❷法務局で**登記簿謄本（登記事項証明書）を取得する**（下の図参照）。登記簿謄本を取得し、被相続人がその不動産の所有者であることを確認できれば相続財産として手続きを進められます（抵当権の有無も登記簿謄本でわかる）。

注意点は、身分証明書（マイナンバーカードなど）に記載された住所と、登記簿謄本の地番・家屋番号が異なるケースが多いことです。登記済証（現在は登記識別情報通知書）や、固定資産税・都市計画税の納税通知書などを見て地番・家屋番号を確認しましょう。

相続人（調査している本人）と被相続人の相続関係を証明する戸籍謄本があれば、役所（東京都23区は都税事務所）でも地番や家屋番号を調べられます。また、私道や墓地の所有については法務局の公図で確認できます。

相続財産となる不動産の調査手順

❶ 地番・家屋番号を特定する

★地番や家屋番号は、以下Ⓐ～Ⓓの方法で確認できる。

Ⓐ 登記済証（現在は登記識別情報通知書）で確認する

➡ 不動産の表示に地番、家屋番号の記載がある

Ⓑ 固定資産税・都市計画税の納税通知書で確認する

➡ 土地の所在、家屋の所在などの欄に記載がある

Ⓒ 市区町村の役所（東京都23区は都税事務所）で調べる

➡ 名寄帳、固定資産評価証明書を取得して調べる

Ⓓ 法務局で調べる

➡ 私道、墓地は公図で調べることができる

↓

❷ 法務局で登記簿謄本（登記事項証明書）を取得する

➡ 被相続人が遺産となる不動産の所有者であることを確認する

Q25 被相続人が契約していた「生命保険」の調査は、どう行いますか?

A まず保険証券を探すこと。見つからなければ生命保険契約照会制度を利用するといい。

被相続人（故人）が生命保険に加入しており、その契約が有効に継続しているなら、受取人に指定されている家族や親族は、保険会社に請求手続きをすることで生命保険金を受け取れます（生命保険金は遺産分割の対象ではないので、受取人が全額を受け取れる）。

生命保険契約の存在を知る一番の手がかりは、契約時に交付される「保険証券」です。保険証券には、保険会社の連絡先のほか、保険の種類、証書番号、契約者、被保険者、受取人、保険金額などが記載されています。

保険証券が見つからない場合は、「生命保険契約照会制度」を利用することで契約先の保険会社を特定できることがあります。これは受取人となる家族・親族（照会者）の代表（照会代表者）が生命保険協会を通じ、同協会の会員の保険会社に生命保険契約が存在するかどうかを照会できる制度です（下の図参照）。照会の結果、生命保険契約の存在が確認できたら、受取人は契約先の保険会社に連絡して請求手続きを行います。

生命保険契約照会制度の仕組み

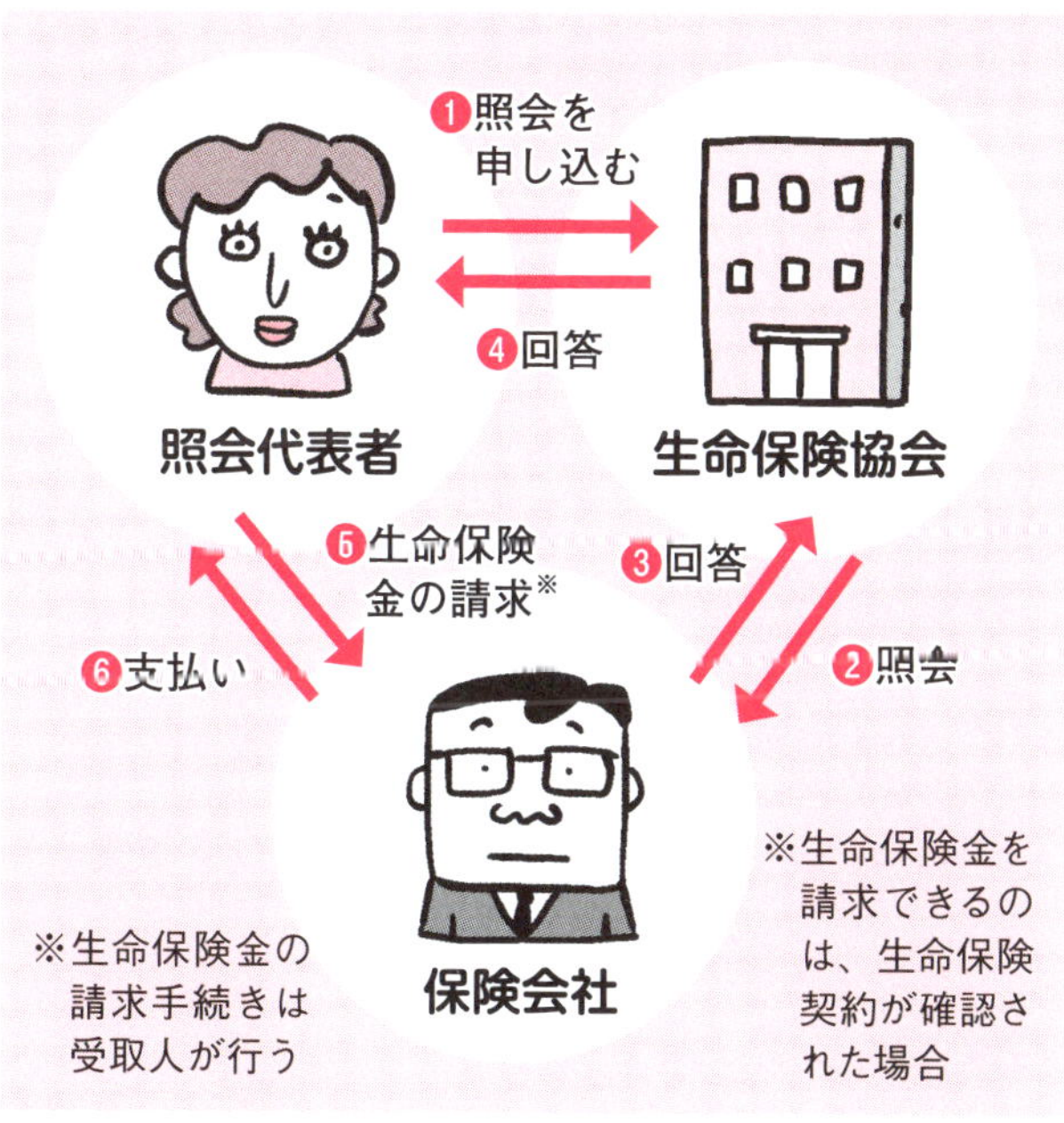

Q26 遺産調査の結果、想定していた遺産額よりも少ないときは、どうしたらいいですか？

A 特定の相続人が生前贈与を受けた、未発見の遺産があるなどの可能性が考えられる。

遺産調査を行うと、想定したよりも預貯金が少なく、不動産も遺されていないことがあります。**遺産（相続財産）が少ない主な原因は、下の図のとおりです。**

このうち、最も可能性が高いのは、「生前贈与が行われていた」場合でしょう。被相続人（故人）が多くの資産を所有したまま亡くなると、相続人の税負担（相続税）が重くなるため、節税対策として生前贈与が行われるケースが少なくないのです。ただし、生前贈与が特別受益（生前に与えられた利益）と見なされたときは、遺産に持ち戻されて遺産分割の対象となります。

次に可能性が高いのは、「未発見の口座、不動産がある」場合です。被相続人が複数の金融機関に口座を開設し、複数の不動産を所有していた場合、調査からもれたものがあるかもしれません。明らかに遺産額が少ないときは、再び遺産調査を行ったほうがいいでしょう。

ほかにも「負債を抱えていた」「浪費癖《へき》、ギャンブル癖があった」ということが考えられます。負債が遺産総額よりも多い場合には、相続放棄または限定承認を検討する必要があります（Q29・30参照）。

遺産額が少ない主な原因

● 生前贈与が行われていた

相続税を減らすために、生前贈与が行われていた可能性が高い。生前贈与が特別受益に当たる場合は遺産に持ち戻し、遺産分割協議を行う。

● 未発見の口座、不動産がある

金融機関の口座、不動産が複数あると、未発見のものが存在する可能性が考えられる。明らかに遺産額が少なければ、再調査を行う必要がある。

● 負債を抱えていた

経営者の場合は、事業資金を借りるために所有している不動産に抵当を入れることがある。また、個人名義で事業資金を借りていることもある。

● 浪費癖、ギャンブル癖があった

一見、羽振りがいいように見えても浪費癖がある人は資産形成にあまりお金を回さないため、遺産額は少ない。ギャンブル癖がある人も同様。

Q27 相続発生で「凍結された銀行口座でも預金が引き出せる」とは本当ですか？

A 本当。遺産分割前でも預貯金の仮払い制度によって相続人は単独で引き出すことが可能。

これまで金融機関の口座は、口座名義人の死亡が通知されると凍結され、預貯金の引き出しは一切できませんでした。ところが、**改正相続法によって2019年7月1日から「預貯金の仮払い制度」が始まり、相続人は凍結された被相続人の口座から、遺産分割前でも一定額の預貯金を引き出せるようになっています。**

預貯金の仮払い制度で引き出せる金額は、下の図のとおりです。口座の残高や手続きする相続人の法定相続分によって引き出せる金額は異なりますが、最大で150万円まで引き出すことができます。

預貯金の仮払い制度は、特定の相続人が単独で利用できますが、ほかの相続人の承諾を得ないとトラブルになることがあるので注意してください。また、この制度を利用すると相続を承諾したことになり、後で負債が見つかっても相続放棄（Q29参照）ができなくなります。

預貯金の仮払い制度

相続人は以下❶❷のうち金額が低いほうを上限として、凍結された口座から預貯金を引き出せる

❶ **死亡時点での預貯金残高** × **法定相続分（相続人の取り分）** × **1/3**

❷ **150万円**

【計算例】 死亡時点での被相続人の預貯金残高：600万円
法定相続人：妻と子供１人（子供が手続きを行う）
手続きする人の法定相続分：1/2

❶に代入：**600万円 × 1/2 × 1/3 = 100万円**

➡❷よりも❶のほうが低いので
100万円まで引き出すことができる

Q28 相続した不動産の「相続登記」が義務化されたとは本当？ 登記は、どう行いますか？

A 2024年4月から義務化。不動産の相続人・受贈者は3年以内に相続登記を行う。

近年は所有者不明の不動産（空き家）が急増しており、大きな社会問題になっています。また、所有者不明の不動産は、市街地の再開発の妨げにもなります。

こうした問題に対処するため、2024年4月1日から不動産の「相続登記」が義務化されました。具体的には、遺産分割が成立して不動産を相続した場合、あるいは遺言書によって不動産を相続した場合、その相続人は所有権の取得を知った日から3年以内に相続登記を行わなければならないのです。

相続登記の手続きは、❶戸籍の証明書（戸除籍謄本等）を取得➡❷登記申請書の作成➡❸登記申請書を法務局（登記所）に提出➡❹登記完了の手順で行います。遺産分割協議で不動産を相続する場合は、これらの手順のほか、❷の前に**遺産分割協議**と**遺産分割協議書の作成**を行う必要があります。相続登記の手続きは相続人が自分で行うこともできますが、司法書士や行政書士などに代行してもらったほうが確実でしょう。相続登記の代行費用は10万～15万円程度です。

なお、正当な理由もなく相続登記を行わない場合は、10万円以下の過料が科されることもあります。

売却する場合も相続登記が必要になる

遺産分割協議で不動産を誰に相続させるか決まらないときは不動産を売り、売却金を分割することがあります。これを**「換価分割」**といいます。3年以内に不動産を売って遺産分割すれば特例で譲渡所得から3000万円を控除できるため、換価分割はよく行われます。

実は、換価分割を行う場合でも、不動産の売却のために相続登記をしなければなりません。換価分割で相続登記するさいは、相続人全員が売却代金の取得割合で登記するか、便宜的に代表相続人の単独名義で登記するかのどちらかになります。

Q29 遺産のすべてを相続しない場合に「相続放棄」の手続きは、どう行いますか？

A 遺産の相続を一切希望しない場合は、管轄の家庭裁判所で相続放棄の申述手続きを行う。

被相続人（故人）に多額の借金がある場合、「相続して返済義務を負うことはさけたい」と考える人がほとんどでしょう。しかし、なんの意思表示もしないと自動的に相続を承諾したと見なされます。つまり、預貯金などのプラス財産（資産）だけでなく、借金などのマイナス財産（負債）も引き継いだと判断されるのです。

そのため法定相続人は、「相続しない」と決めたら、その意思表示を裁判所の手続きに則って明確に行う必要があります。これを「相続放棄」といいます。

3ヵ月以内に申述をしなければならない

相続放棄の手続きを行うさいのポイントは、**「自分が相続人であることの証明」「申述する期間」「申述先」の3つです。**順番に見ていきましょう。

まず、自分が相続人であることの証明について。相続放棄ができるのは相続人に限られるので、自分が相続人であることを示す必要があります。具体的には、被相続人の戸籍謄本（死亡の記載のある戸籍謄本）や相続放棄をする自分の戸籍謄本などを提示して、相続人であることを家庭裁判所に確認してもらいます。

次に、申述する期間について。民法915条による

相続放棄のポイント

● 自分が相続人であることの証明

被相続人の戸籍謄本、相続放棄をする自分の戸籍謄本を家庭裁判所へ提示。相続人であることを確認してもらう。

● 申述する期間

死亡による相続の開始を知った日から3ヵ月以内に申述する。相続開始日(亡くなった日）からではなく、亡くなったことを知った日からであることに注意。

● 申述先

被相続人が最後に住んでいた住所地を管轄する家庭裁判所で申述する。管轄はインターネットで確認することが可能。提出する書類については、事前に管轄の家庭裁判所に問い合わせる。

と相続放棄の申述は、「（被相続人の）死亡による相続開始があったことを知ったときから3ヵ月以内（熟慮期間という）に行わなければならない」と定められています。3ヵ月の熟慮期間は思いのほか短いので、相続の開始を知ったら速やかに行動することが肝心です。

なお、3ヵ月以内というのは「亡くなった日から」ではなく、「相続の開始があったことを知った日から」です。そのため、被相続人が死亡したという事実を知らなかった期間があれば熟慮期間に含まれません。また、家庭裁判所の許可を得れば、熟慮期間を延長できる場合があります。

最後に、申述先について。相続放棄の申述は、被相続人が住んでいた最後の住所地を管轄する家庭裁判所で行います。家庭裁判所には相続放棄の申述に必要な書類が用意されているので、提出する書類については管轄の家庭裁判所に問い合わせるといいでしょう。管轄の家庭裁判所は、インターネット検索で確認できます。

なお、相続放棄は遺産（相続財産）をすべて相続しないことですが、負債額が明らかでないような場合は限定承認（Q30参照）を選ぶこともできます。

Q30 借金などのマイナス遺産を除いて相続する「限定承認」の手続きは、どう行いますか？

A 手続き先は家庭裁判所で、申述期限は3ヵ月以内。相続人が複数なら共同で申述をする。

相続人は、遺産にマイナスの財産（負債）が含まれている場合、プラスの財産（資産）を限度に引き継ぐ「限定承認」を選べます。手続き先は家庭裁判所で、申述期間は相続の開始を知ってから3ヵ月以内です。限定承認なら相続人が損する心配はなく、負債を相殺《そうさい》した後に資産が残れば、その分が利益になります。

ただし、相続人が複数いて限定承認の申述をする場合は、全員が共同で家庭裁判所に申述をしなければなりません（相続放棄の申述は1人で可能）。また、限定承認の手続きは複雑で完了するまで時間がかかるほか、負債を差し引いて残った資産を相続すると、これを「みなし譲渡所得」として課税されることがあります。

第3章

相続編③

思いどおりに遺産を譲る「遺言書」「遺贈」についての疑問14

▶ Q31〜44 ◀

回答者

◉ Q31〜42の回答

ことぶき法律事務所　弁護士

佐藤省吾《さとうしょうご》

◉ Q43〜44の回答

山本宏税理士事務所所長 税理士

山本《やまもと》 宏《ひろし》

山本文枝税理士事務所所長 税理士

山本文枝《やまもとふみえ》

遺言書はルールを守って作りさえすれば、自分の思いどおりに遺産を譲れる

次に保管方法にも要注意じゃ紛失したり改ざんされたりすると遺言が執行できなくなってしまうぞ
なんだか自信がなくなってきた
なら公正証書遺言がおすすめじゃ公証人が作成するから要件の不備はないし公証役場で保管するから紛失・改ざんのおそれもない
え？この三上武志って誰？譲る資産が多すぎるわ！
むむむ…
三上武志（真一郎の恩人）
今の事業が成功したのは三上さんのおかげなんだお前には家を譲るから納得してくれ
でも長男の航平も長女も次男も納得しないわ！
長男
長女
次男
遺言書を作るさいは法定相続人の遺留分に注意する必要がある！これを考慮しないと相続トラブルが起こりかねんぞ
そうよ子供や孫たちのこともよく考えて
うーん
佳子（航平の妻）
ガチャ
ただいまー
航平（長男）
鉄平（孫）
やさしいおじいちゃん大好き！
航平には多めに遺贈するよ孫のために……
ハハハ
話を聞いてたわね
聞こえちゃったの…
公証人に事情を伝えて遺言書を作るといい！相談すればいいアドバイスがもらえるはずじゃ

Q31 そもそも「遺言」とはなんですか？どんな効果がありますか？

A 遺言は遺産の承継方法などについての意思表示。それを記載した遺言書は実効性を持つ。

「遺言」とは、遺産（相続財産）を「誰に」「何を」「どのように」引き継ぐのかを本人の意思で表明することです（下の図参照）。そして、遺産の相続ついての希望を書いた書面を「遺言書」といいます。

被相続人（故人）が亡くなると遺産の相続が開始されます。遺言は、死後の所有財産の承継を自分の意思で決められるという原則（専門的には「遺言自由の原則」という）により、故人の「遺志」を実現する制度なのです。

遺言書のない相続手続きでは、遺産分割協議で相続人全員が話し合い、遺産を「誰が」「何を」「どのように」相続するのかを決めることになります。遺産分割協議は、相続人どうしが対立することなく話がまとまれば問題はありません。しかし、相続人どうしが仲違《なかたが》いをしていたり、音信不通の相続人がいたりすると、手続きを進められず遺産を相続できないこともあります。

その点、**被相続人が法律に則った方法で遺言を遺せばそれに従って遺産分割をする法的効力が与えられます。**

特に、公正証書遺言あるいは自筆証書遺言（いずれも財産目録が付属）で遺言を遺すことが重要です。こうした遺言書を遺せば、故人の死亡後に行われる相続人の調査や相続財産の調査・評価を省略でき、相続人が遺産分割の話し合いをする必要もなくなります。

遺言書があれば相続人の負担や手間が減るだけでなく、相続トラブルを防ぐ効果も期待できます。

遺言で定められること

相続人	相続財産	分割方法
「誰に」	「何を」	「どのように」
［相続人の例］	［相続財産の例］	［分割方法の例］
配偶者	現預金	1/2
子供	不動産	1/2

Q32 「遺言書」には、どんな種類がありますか？

A ❶自筆証書遺言、❷公正証書遺言、❸秘密証書遺言の3種類がある。❶と❷が一般的。

遺言は、遺言者の意思に基づいて行う「要式行為」とされています。要式行為とは、遺言者の希望を明確にし、法律に定められた方式で遺言書を作成することです。法律の方式に従うことで遺言内容が有効になります。

遺言書の方式には「自筆証書遺言」「公正証書遺言」「秘密証書遺言」の3つがあります。

まず、自筆証書遺言は、遺言者が書面で、遺言の内容（財産目録を含む）の全文、日付、氏名を手書きし、署名の隣に捺印して作成する方法です。自筆証書遺言は全文の自書が必要ですが、財産目録はパソコンでの作成や家族などの代書が認められています（Q34参照）。作成に立ち会う証人は不要で、費用もかかりません。なお、法務局以外で保管された自筆証書遺言は、相続開始後に家庭裁判所で「検認」を受ける必要があります。

次に、公正証書遺言は、遺言者が公証役場の公証人の面前で遺言の内容を伝え、その内容に基づいて公証人が公正証書として作成する方法です。公証人が法律の方式に従って正しく作成し、証人も立ち会うため、確実に法的効力を持たせることができます（検認は不要）。

遺言が無効と判断される場合もある

もう1つの秘密証書遺言は、遺言者が遺言内容を記載した書面に署名・捺印をしたうえで、封書をそのまま公証役場で保管する方法です。公証人は中身を確認せず、封書のまま保管されるので、相続開始まで誰にも遺言内容を知られることはありません（検認が必要）。

ただし、秘密証書遺言は、公証人が遺言書の中身を確認していないため、法律で定められた方式に則っていない場合は、遺言が無効と判断されることがあるので注意しなければなりません。

こうしたことから遺言書を作成するときは、自筆証書遺言、または公正証書遺言を選ぶのが一般的です。

Q33 「自筆証書遺言」はどう書いたらいいですか？ 形式の必須要件はなんですか？

A 全文を手書きで書く、作成日を書く、氏名を自署して印鑑を押す、訂正ルールを守るなど。

「自筆証書遺言」は、遺言者の意思を保護する目的から、作成方法や訂正方法が厳格に定められています。

最も重要なのは、遺言内容の全文、日付（作成日）、氏名を遺言者が直筆で書くこと（自書）です。これらをパソコンで書いたり、家族に代書させたり、押印を忘れたりすると無効となるので注意してください。

遺言内容の訂正方法も重要で、必ず遺言者が❶訂正箇所に二重線を引く⬇❷加筆する場合はフキダシを入れる⬇❸正しい文言を記入する⬇❹訂正箇所に押印（訂正印。署名・捺印と同じ印鑑を使用）する⬇❺遺言書の末尾に訂正した内容（●●を削除、××を追記など）を書き入れる⬇❻改めて自書で署名する、という手順を踏みます。

遺言内容を書くときは、あいまいな表現をさけるようにしましょう。具体的には、「譲る」「任せる」「引き継がせる」といった表現は不明瞭なのでNGです。相続

自筆証書遺言を作成するさいの注意点

記入方法	➡財産目録以外は遺言内容の全文、日付、氏名を**遺言者が直筆で書く（自書という）。**録音した音声、撮影したビデオや音声は無効
表題部	➡法律的な決まりはない。必ずしも表題部は必要ではないが、書面の目的を伝えるために**「遺言書」や「遺言状」と記入**するのが一般的
氏名	➡**遺言者の本名を自書する。**芸名、ペンネームなどの通称名は不可。また、夫婦での連名は無効。必ず、**遺言者１人の氏名を書く（複数の共同遺言は無効）**
日付	➡**「令和◎年▲月■日」と、年号や月日を自書する。**年号は西暦でも可。日付を省略したり、「吉日」にしたりすると無効になる
筆記用具	➡法律的な決まりはない。改ざんを防ぐため、**ペンで書くのが一般的。**財産目録の作成のみパソコンを利用できる。用紙の種類・サイズは不問
印鑑	➡認印、花押（署名代わりの記号）でも有効と認められるが、誤解をさけるために**実印を捺印するのが一般的。**遺言書が複数枚の場合は、契印を押す。財産目録をパソコンで作成した場合、家族などに代書してもらった場合は、全ページに押印する

人に遺産（相続財産）を承継する場合は「相続させる」、相続人以外の人や団体に遺産を譲る場合は「遺贈する」と明確に書くことが肝心です。

遺産については、誰に、何をどのように相続させるのかを明記します。遺産に不動産がある場合は不動産登記事項証明書、預貯金がある場合は銀行通帳のコピーを用意して金融機関の支店名や口座番号も記載します。遺産の内容やその所在は、正確かつ特定された記載をすることが重要です。例えば、単に「預貯金」とするのではなく、「銀行口座にある預金、債券のすべて」「証券口座にある株式、債券を含む金融資産」などと記載します。

法定相続人には、「遺留分」（Q42参照）があり、遺言でこれが侵害されると相続人の間でトラブルが起こるおそれがあります。また、不利益を受けた相続人が遺留分侵害額請求を提起することも考えられます。

相続人の間のトラブルを防ぐには、相続人が遺言者の「遺志」を理解することが大事です。**そこで、特定の相続人に多くの遺産を相続させる場合は、その理由を「付言事項」に記載するといいでしょう。**付言事項をつければ、相続人に思いを伝えることができます。

Q34 自筆証書遺言は「すべて手書きでなくても大丈夫」とは本当ですか？

A 本当。財産目録はパソコン作成や代筆もOK。預金通帳のコピーを財産目録と扱っても可。

自筆証書遺言は原則、全文を自書することになっています。全文とは、遺言内容だけではなく日付、氏名、財産目録の自書も含まれています。

ただし、全文の自書は高齢の遺言者にとって負担が重いことから、民法改正によって2019年1月13日以降、自筆証書遺言に添付する「財産目録」はパソコンで作成したり、家族などに代書してもらったり、預金通帳や不動産登記事項証明書などのコピーを添付したりすることが認められています。なお、財産目録を自書しない場合は、遺言者が作成したことを証するため、財産目録の全ページに遺言書で用いたものと同じ印鑑を使って捺印と署名をする必要があるので注意してください。

Q35 自筆証書遺言は「検認」が必要なのはなぜですか？ 検認しないと、どうなりますか？

A 検認済証明書の交付に必要な手続き。検認しないと、その後の相続手続きを進められない。

「検認」は、遺言書の偽造・変造を防ぐために裁判所で行う手続きです。各相続人に遺言の存在、内容が通知され、遺言書の詳細を明確にします。検認は遺言の有効・無効を判断するものではありませんが、検認済証明書がないと相続手続きが進められないので注意が必要です。

検認の流れは、遺言書を発見したら家庭裁判所（遺言者の最後の住所地の管轄）で手続きを申し立てます。すると、家庭裁判所から「検認期日（検認を行う日）の通知」が相続人全員に通知されます。検認期日には、申立人または代理人が遺言書を提出し、裁判官が遺言書を開封して確認します。検認が終わると遺言書は返還され、相続人が検認済証明書の交付を申請できます。

Q36 自筆証書遺言で起こるトラブルには、どんなものがありますか？

A 多いのは遺言書の偽造・変造、破棄、紛失。貸金庫にある遺言書を取り出せないことも。

自筆証書遺言を自宅などに保管していると、問題が発生することがあります。第一は「偽造・変造」です。

遺言者は、遺言書をいつでも作成でき、何度でも書き直すことができます。また、心変わりをしたら遺言をすべて撤回することもできます。

そのため、自宅に遺言書を保管していると、特定の相続人が遺言の内容を改ざんすることも起こり得ます。自分が遺産を有利に相続できるように書き換えてしまうのです。また、特定の相続人だけが遺言書の存在を知り、ほかの相続人が何も知らなかった場合も遺言書の偽造・変造が疑われ、トラブルの火種になります。偽造・変造の疑いが濃厚になった場合には、遺言無効確認訴訟などの裁判沙汰《ざた》に発展することもあるので注意しましょう。

そこで、自筆証書遺言を作成したことを信頼できる相続人に知らせ、お互いが納得した場所に保管することが望ましいとされています。

第二は「破棄」。特定の相続人にとって遺言が不利な内容だと、秘密裏《ひみつり》に捨てられてしまうことがあります。特に、先述のように特定の相続人だけが遺言書の存在を知っていて、ほかの相続人が知らないような場合です。

遺言書の破棄を防ぐためにも、遺言書の存在、保管場所をほかの相続人に周知することが肝心といえます。

第三は「紛失」。遺言書が見つからない、保管場所がわからない、保管者が紛失したなどのトラブルです。

自筆証書遺言は相続開始後、遺言書を発見したら速やかに検認を受ける必要があります（法務局に保管されていない場合）。遺言書を紛失した場合は、遺産分割協議で相続方法が決められるため、故人の「遺志」が反映されなくなります。これは破棄の場合も同様です。

なお、遺言書は銀行の貸金庫に保管されていることもあります。**遺言者の死亡後、貸金庫の中身を確認するときは、相続人全員の合意が必要になります。しかし、相続人どうしが仲違《なかたが》いをしていたり、音信不通の相続人がいたりすると、貸金庫の中に遺言書があるのかどうかを確認できないなど、トラブルとなりかねないのです。**

以上のようなトラブルを防止するためにも、「自筆証書遺言書保管制度」（Q37参照）の活用をおすすめします。この制度では、遺言書が法務局で適正に保管されるので偽造・変造、破棄、紛失の心配はありません。

遺言内容が改ざんされることも

自宅に自筆証書遺言を保管していると、内容を改ざんされるおそれがある。また破棄、紛失も多い。これらのトラブルを防ぐためにも自筆証書遺言書保管制度の活用が望ましい。

Q37 「自筆証書遺言書保管制度」を利用すると、どんなメリットがありますか？

A 遺言書の不備を確認してもらえる、法務局に保管されて偽造・紛失の心配がない。

自筆証書遺言には、遺言書が法律の定めに則って作成されておらず無効になったり、偽造・変造、破棄、紛失などのトラブルが起こったりする問題がありました。

そんな中、**2020年7月10日から「自筆証書遺言書保管制度」がスタート。これは、自筆証書遺言を法務局で管理・保管する制度です。**遺言書は原本のほかに、画像データとしても保管され（保存期間は原本が死後50年間、画像データは死後150年間）、遺言内容は遺言者の死亡後に遺言書保管所（法務局）で閲覧できます（手数料は遺言書1通につき3900円）。

この制度のメリットは、次のとおりです。

❶相続開始後に家庭裁判所の「検認」の手続きが不要

❷遺言者が希望する場合は、自身が亡くなったときに、「死亡時通知」を相続人が受け取ることができる

❸相続人の誰かが自筆証書遺言保管制度の遺言を閲覧すると、相続人全員に「関係遺言書保管通知」が届く

❹法務局で保管申請を行うさい、遺言書が民法の定める方式を満たしているかどうかの形式的なチェックを受けられる（遺言内容は相談できない）

自筆証書遺言書保管制度の仕組み

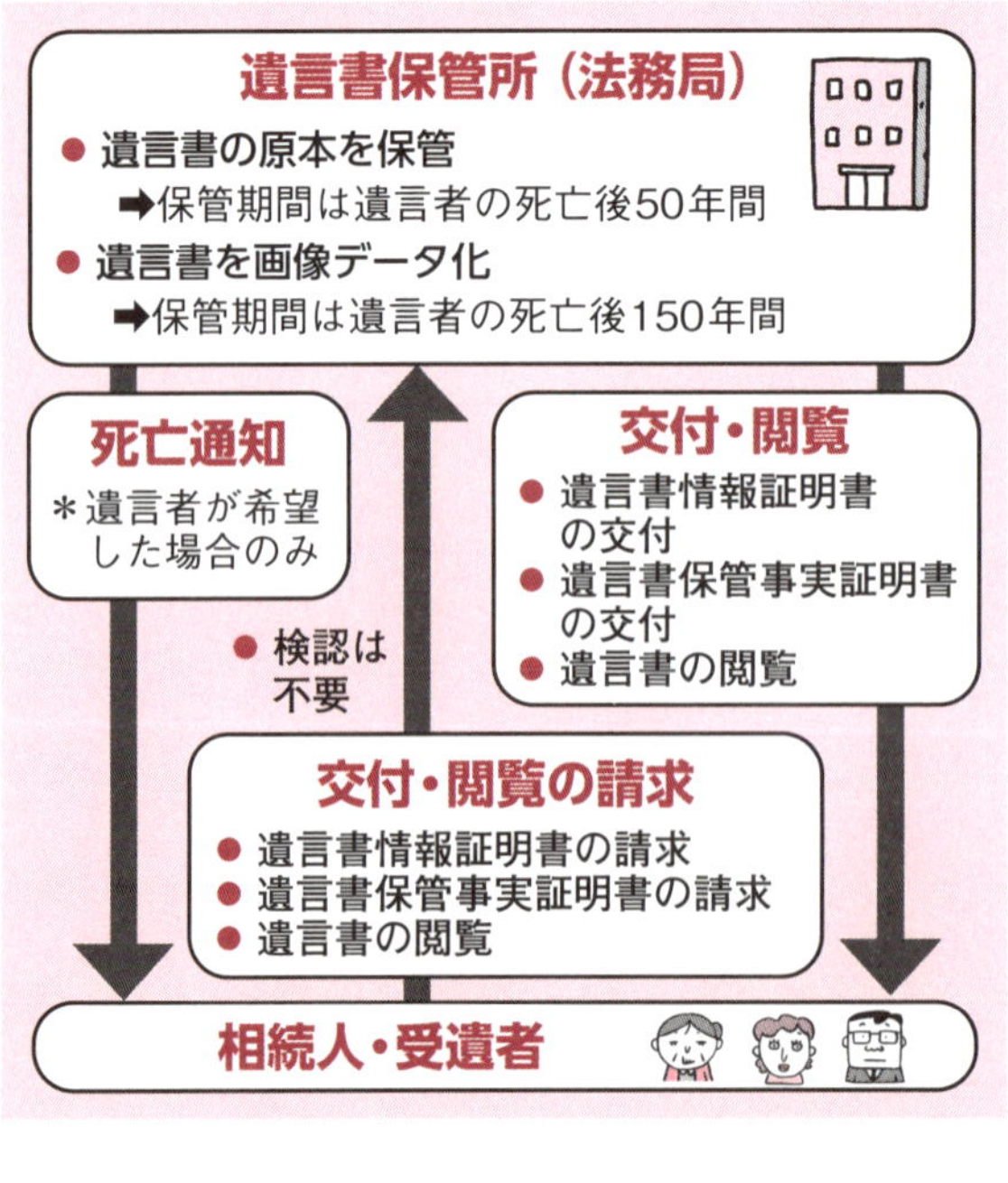

Q38 「公正証書遺言」を作成するには、どうすればいいですか？

A 事前に打ち合わせをしたうえで、公証役場に出向く。遺言書は公証人が作成してくれる。

公正証書遺言の作成の主な流れは、次のとおりです。

❶遺言書の原案作成

遺言書の原案は、遺言者本人が作ります。事前に、財産目録の根拠となる資料を用意し、誰に、何を、どのように相続・遺贈させるのかを決めておきましょう。

❷必要書類の準備

遺言者の本人確認資料（身分証明書、印鑑証明書など）、財産目録の裏づけとなる資料（預貯金通帳、証券の取引残高報告書、不動産の登記事項証明書、固定資産税の課税証明書など）、相続人の裏づけとなる資料（戸籍謄本、改製原戸籍、住民票など）を用意します。なお、公証役場によって必要書類や提出方法が若干異なります。

❸遺言書の原案と必要書類の提出

公証役場は予約制が一般的です。訪問日時を予約し、当日は遺言書の原案と必要書類を提出します。

❹公証人との打合せ

公証人と遺言書の原案をもとに打合せをします。遺言書の記載内容や、誰に、何を、どのように相続・遺贈させるのかを公証人にチェックしてもらいます。

❺公正証書遺言の作成

遺言書の作成当日は、証人2人以上と公証役場へ行きます。遺言者は実印を用意しましょう。証人は行政書士や司法書士などの第三者に依頼します（遺言者の家族や親族、公証人の親族、受遺者などは証人になれない）。

公証人の立会いのもとで、遺言書の作成手続きを行います。公証人による本人確認、証人の確認、判断能力（遺言能力）の有無の確認後に、遺言内容が読み上げられ、遺言者本人の意思を確認します。遺言書の作成を承諾したら、遺言者本人と証人が署名・捺印を行い、公証人が署名・捺印をして終了となります。公正証書遺言は、原本、正本、謄本の3通が作成され、遺言者は正本と謄本を交付され、原本は公正役場に保管されます。

Q39 遺産分割協議の合意で「遺言書と異なる遺産分割が可能」とは本当ですか？

A **本当。ただし、遺言書で遺産分割協議が禁止されていないなど、いくつかの条件がある。**

遺言書がある場合の遺産分割は、遺言内容に従って行われます。しかし、遺言内容に納得できない相続人がいることもあるでしょう。

実は、自筆証書遺言や公正証書遺言が遺されていても、相続人全員の合意があれば、遺言と異なる遺産（相続財産）の分割ができます。そのためには、次の条件を満たす必要があります。

❶遺言者が、遺言で遺産分割協議を禁止していないこと

❷相続人全員が合意すること（相続人全員が遺言の存在と内容を知っていることが前提）

❸受遺者が同意していること（相続人以外の受遺者がいる場合）

❹遺言執行者が同意していること（遺言執行者が指定されている場合）

各条件の詳細は、下の図を参照してください。

遺言と異なる遺産分割で必要な条件

❶ 遺言で遺産分割協議を禁止していない

遺言者が遺言どおりの相続を望む場合は、遺産分割協議を禁止する条項が記載される。しかし、その条項がなければ相続人は遺言と異なる遺産分割の協議を行っていいことになる。

❷ 相続人全員が合意する（遺言の存在と内容を知っている）

遺言と異なる遺産分割をするには原則、相続人全員の合意が必要になる。また、遺言の存在と内容を知らずに協議した場合は無効となる可能性があるので、全員が事前に知っていることも必要。

❸ 受遺者が同意している（相続人以外の受遺者がいる場合）

遺言で遺贈を受ける権利を得た人・団体（受遺者）は、相続人とともに利害関係者になる。そのため、受遺者がいて遺言と異なる遺産分割協議をする場合は受遺者の同意が必要になる。

❹ 遺言執行者が同意している（遺言執行者が指定されている場合）

遺言執行者は、遺言内容に従って相続財産を適切に分割する職責を担う。そのため、遺言執行者がいて遺言と異なる遺産分割協議をする場合は、遺言執行者の同意を得る必要がある。

Q40 遺言書と異なる遺産分割をさせないためには、どうしたらいいですか？

A 遺言書で遺産分割協議を禁止する、遺言執行者を指定し遺言どおり執行してもらう。

遺言者が遺言どおりに相続を実行させるための方法には、次の2つがあります。

❶遺言に分割禁止文言を入れる

遺言者は、遺言によって遺産分割協議を禁止することができます。遺産分割協議を禁止できるのは、相続開始から最大で5年間です。5年間の禁止された期間内に行われた遺産分割協議は無効となります。

❷遺言執行者を指定する

遺言で遺言執行者が指定されている場合、遺言と異なる遺産分割には遺言執行者の同意が必要です。遺言執行者は、遺言内容に従って相続を実行する職責を担うので遺言者の「遺志」に背《そむ》くようなことはありません。

Q41 遺言書で「法定相続人以外の人に遺産を全部譲ること」はできますか？

A 可能。ただし、法定相続人の遺留分を侵害しない範囲で遺贈する配慮が必要になる。

遺言では、法定相続人以外の内縁の妻、孫、世話になった人や団体などにも遺産（相続財産）を遺贈できます。その場合は、遺言の中で相続人以外の人や団体に遺産の何を、どのように譲るのかを明確に記載し、文面では「相続させる」ではなく「遺贈する」と書きます。

ただし、遺贈する場合、兄弟姉妹を除く法定相続人の「遺留分」（Q42参照）を侵害しないように注意しなければなりません。遺留分は、相続人に相続財産の一定の金額を保障する制度で、配偶者や子供の遺留分は法定相続分の1／2（親は1／3）となっています。遺留分に配慮して遺贈しないと、不利益を受けた相続人が受遺者に対して遺留分侵害額請求を提起することがあります。

Q42 遺産を譲りたくない法定相続人に生前に「遺留分を放棄させること」はできますか？

A 被相続人が遺留分を放棄させることは不可。可能なのは相続人が放棄を望む場合のみ。

「遺留分」とは、相続人の生活を保障するため、一定の割合で必ず相続させる権利のことです。遺留分が認められているのは、兄弟姉妹（第3順位）を除いた法定相続人となります。遺留分で受け取れる額は、「遺留分の割合×法定相続分」の計算式で求められます。遺留分の割合は原則として被相続人（故人）の財産の1／2です。

なお、遺言で遺留分を侵害した相続が行われると、遺留分を侵害された人（遺留分権利者）は、本来取得できる相続割合を限度に、遺留分を金銭として取り戻すための請求（遺留分侵害額請求）ができます。

では、質問のように被相続人が特定の法定相続人に遺産を譲りたくないと考えている場合、本人に遺留分を放棄させることはできるのでしょうか。

遺留分を受けられる法定相続人が、相続開始前に家庭裁判所に申し立てて許可を得れば遺留分を放棄することはできます。しかし、特殊な事情でもない限り、自分から遺留分を放棄することはまずありません。したがって被相続人が生前に、意図的に特定の相続人に遺留分を放棄させることは難しいといっていいでしょう。

遺留分の割合

相続人	遺留分の合計	相続人ごとの遺留分		
		配偶者	子供	親
配偶者のみ	**1/2**	1/2		
配偶者と子供	**1/2**	1/4	1/4	
配偶者と親	**1/2**	1/3		1/6
子供のみ	**1/2**		1/2	
親のみ	**1/3**			1/3

遺留分が認められるのは、配偶者、子供、親（父母・祖父母）、代襲相続人となった孫・ひ孫。兄弟姉妹に遺留分は認められない。

Q43 支援したい団体に遺産を譲る「遺贈寄付」は、どう行いますか?

A 福祉団体などの中から支援したい団体を選び、その団体に遺言書で遺贈寄付を行う。

「遺贈寄付」とは、遺言書などによって遺産（相続財産）**を自治体やNPO**（特定非営利活動）**法人、特定公益増進法人**（学校法人など）**といった団体に無償で譲渡することです。**最近は、支援する団体に自分の遺産を使ってほしいと考える人も多く、相続方法の1つとして遺贈寄付を選ぶケースが増えています。

遺贈寄付を行う理由は、「故郷に恩返しがしたい」「母校の役に立ちたい」「病気で苦しんでいる人を助けたい」などさまざまです。相続人がいる場合、遺贈寄付が行われると受け取れる財産は減ってしまいますが、被相続人（故人）の「遺志」は真摯《しんし》に受け入れるべきでしょう。

実は、遺贈寄付には相続人の税負担を減らすメリットがあります。まず、遺贈寄付を行うと準確定申告（納税者が死亡したときの確定申告）**で所得税の控除を受けられます。**具体的には相続人が準確定申告を行うさい、遺贈寄付の一定額を寄付金控除にできるのです（遺贈寄付の相手先によっては寄付金控除の対象外もある）。これによって準確定申告の還付金が増える場合があります。

次に、遺贈寄付を行うと、その分の遺産は相続税の課

遺贈寄付のやり方

● 遺言書による遺贈寄付

遺贈寄付は、被相続人が遺言書にその意思表示をして実現するのが一般的。法的効力のある公正証書遺言、自筆証書遺言を遺しておくことが肝心。

● 死因贈与による遺贈寄付

被相続人が遺贈寄付の希望先である団体と生前に死亡贈与契約を結ぶと、死亡後に死因贈与による寄付が行われる。法的効力は遺贈と同じ。

● 相続人による遺贈寄付

被相続人が生前に遺贈寄付を希望していた場合は、相続人が相続税の申告期限内に相続財産を代わりに寄付できる（寄付した分は非課税になる）。

● 生命保険信託による遺贈寄付

信託銀行と生命保険信託を契約し、生命保険金の受取人を希望の団体に指定すれば、遺贈寄付を行えることがある（生命保険信託ごとに違う）。

税対象から外されます。これにより、相続人が納税する相続税が減ります。また、相続税の申告期限内に相続人が、相続した遺産をそのままの形で公益法人などに寄付した場合も、その遺産を相続税の課税対象から外すことが認められており、納税の負担を減らせます。

遺贈寄付の希望は遺言書で意思表示する

遺贈寄付のやり方は、67ジペーの図のとおり。いくつかのやり方がありますが、遺言書で遺贈寄付の意思表示をしておくのが一般的です。遺言書は、法的効力のある公正証書遺言や自筆証書遺言で遺しておくと遺贈寄付を確実に実行できるでしょう。

遺言書と同様に確実なのは、遺贈寄付をしたい団体と生前に「死因贈与契約」を結ぶことです。これは、被相続人の死亡後に寄付が実行される内容の贈与契約を締結する方法で、遺言書による遺贈と同じ法的効力を持ちます。また、死因贈与で寄付された財産は遺産分割の対象とならず、相続税もかかりません。ふだんから付き合いのある団体に遺贈寄付を希望するなら、生前に死因贈与契約を交わしておくのも1つの方法でしょう。

Q44 遺言書の「財産目録」に記載のない遺産が見つかった場合、どう扱えばいいですか？

A 基本的に遺産分割協議で決める。私道の所有権の記載もれで再協議になるケースが多い。

遺言者が遺言書で誰にどの財産を譲るのかを指定するときは、通常は「財産目録」が付属されています。しかし、遺産調査の結果、財産目録に記載のない遺産が見つかることがあります。遺言書に「将来、新たな遺産が判明した場合は◎×が取得する」などの条項もなかった場合には、基本的に遺産分割協議で誰がその遺産を相続するのかを話し合います。

相続手続き終了後に新たな遺産が見つかった場合も改めて遺産分割協議で誰が相続するのかを決めます。

なお、財産目録に記載のない私道の所有権が後になって見つかり、遺産分割協議を再び行わなければならなくなるケースが多いので注意してください。

第4章

相続編❹

円滑に進める「遺産分割協議」についての疑問11

▶Q45～55◀

回答者

ことぶき法律事務所
弁護士
佐藤省吾《さとうしょうご》

遺言書がない場合は相続人全員の合意を得る遺産分割協議が絶対必要

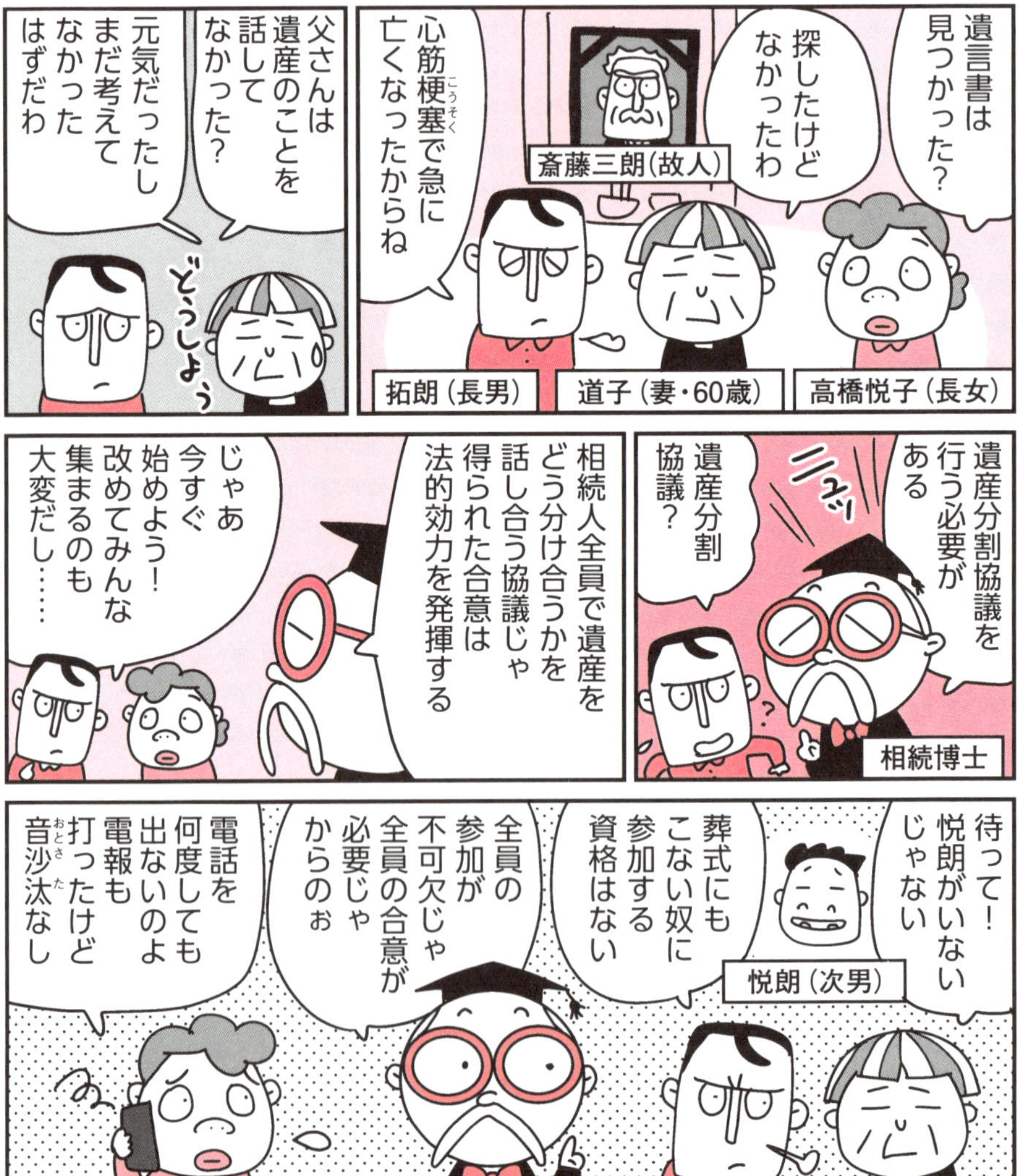

家を継ぐオレが遺産配分を決めてはいけないの？オレが母さんの面倒も見るんだし……
そうはいかん！まずは遺産をきちんと調査しどう分けるかを相続人全員で話し合うことが重要じゃ
遺産といってもこの家と預貯金だけさ調査するまでもない
相続人が結婚資金や教育資金などを贈与されていればその贈与資金も遺産に加えなくてはならん
えっ私は結婚資金を出してもらったわ悦朗は大学の学費をもらっていたはずよ
贈与された財産を加えて遺産総額を計算しこれを相続人全員で分け合うことになる
私は相続放棄をするわ結婚して生活に困らないから
相続人から外れれば結婚資金を遺産に持ち戻す必要はない
いずれにしても悦朗さんも加えてよく話し合うといい合意が得られたら必ず遺産分割協議書を作成するようにのぉ
なぜ協議書を作るの？
遺産の相続手続きに必要になるからじゃ協議書がないと預貯金も株式も不動産も相続できない
あ、出たわ
お父さんが亡くなったのすぐ帰ってきなさい!!
ただいまー
遺産分割協議だって？
なんで知ってるのよ
やけに早いな…
まずはお父さんに謝りなさい
ムギュ
協議がうまくまとまるといいがのぉ

Q45 遺言書がない場合、相続人全員で話し合う「遺産分割協議」は必要ですか？

A 法定相続人が複数の場合、遺産は全員の共有財産となるため遺産分割協議が必要になる。

相続人が複数いる場合、被相続人（故人）の遺産（相続財産）を法定相続分などに従って分割し、各相続人の財産とすることを「遺産分割」といいます。遺言書がある場合には、原則として遺言の内容に従って行います。

遺言書がない場合は、相続人全員で「遺産分割協議」を行います。相続人が複数の場合には、この協議を行う必要があります。

遺産分割協議とは、相続人全員で遺産を分けるための話し合いで、その流れは下の図のとおり（くわしくはQ47参照）。重要なポイントは、最終的に相続人全員の合意を得たうえで「遺産分割協議書」を作成することです。

相続人全員の合意がないと、遺産分割協議の取決めは原則として無効となります。

なお、遺産分割協議の終了後に別の相続財産が見つかった場合は、改めてその財産のみを対象とした遺産分割協議を行う必要があります。

遺産分割協議を繰り返し行うのは大変です。できるだけ1回の話し合いで完了するように、前もって相続人の範囲や遺産の範囲をしっかりと確認しましょう。

遺産分割協議の流れ

❶ **相続人の範囲**を確認する
➡法定相続人の順位に従う

❷ **遺言書の有無、効力**を確認する
➡家庭裁判所で検認が必要な場合がある

❸ **遺産の範囲**を調べ、評価する
➡資産、負債がどれだけあるかを確認する

❹ 相続人どうしで**遺産分割**を話し合う
➡遺産をどのように分けるのかを決める

遺産分割協議書を作成する
➡相続人全員の合意（署名・捺印）が必要になる

Q46 遺産分割協議では、法定相続分に関係なく遺産を分割してもかまいませんか？

A 預貯金などのプラス資産は全員の合意で自由に分けられるが、マイナスの財産に要注意。

結論からいうと、遺産分割協議では法定相続分に関係なく遺産（相続財産）を分割してもかまいません。ただし、預貯金や不動産などのプラスの財産（資産）と、借金などのマイナスの財産（負債）では、法定相続分の取扱いが異なるので注意が必要です。

まず、資産については、相続人どうしの取決めだけで遺産を分割しても問題ありません。

次に、負債については、相続人だけでなく第三者（債権者）が利害に関係してきます。債権者は法律上、遺産分割協議の取決めにかかわらず、各相続人に法定相続分の返済を求めることが認められています。例えば、遺産分割協議で相続人のうちの1人が借金の返済義務を負わないということで話し合いがまとまっても、債権者から「法定相続分の借金を返済せよ」と求められたら、その要求どおりに借金を返済しなければならないのです。

借金などの可分債務（分割できる債務）は、債務者（被相続人）が死亡すると、相続人に分割して承継されると法律では解釈します。相続放棄などをしない限り、負債から免れることはできないのです。

債権者は法定相続分を請求できる

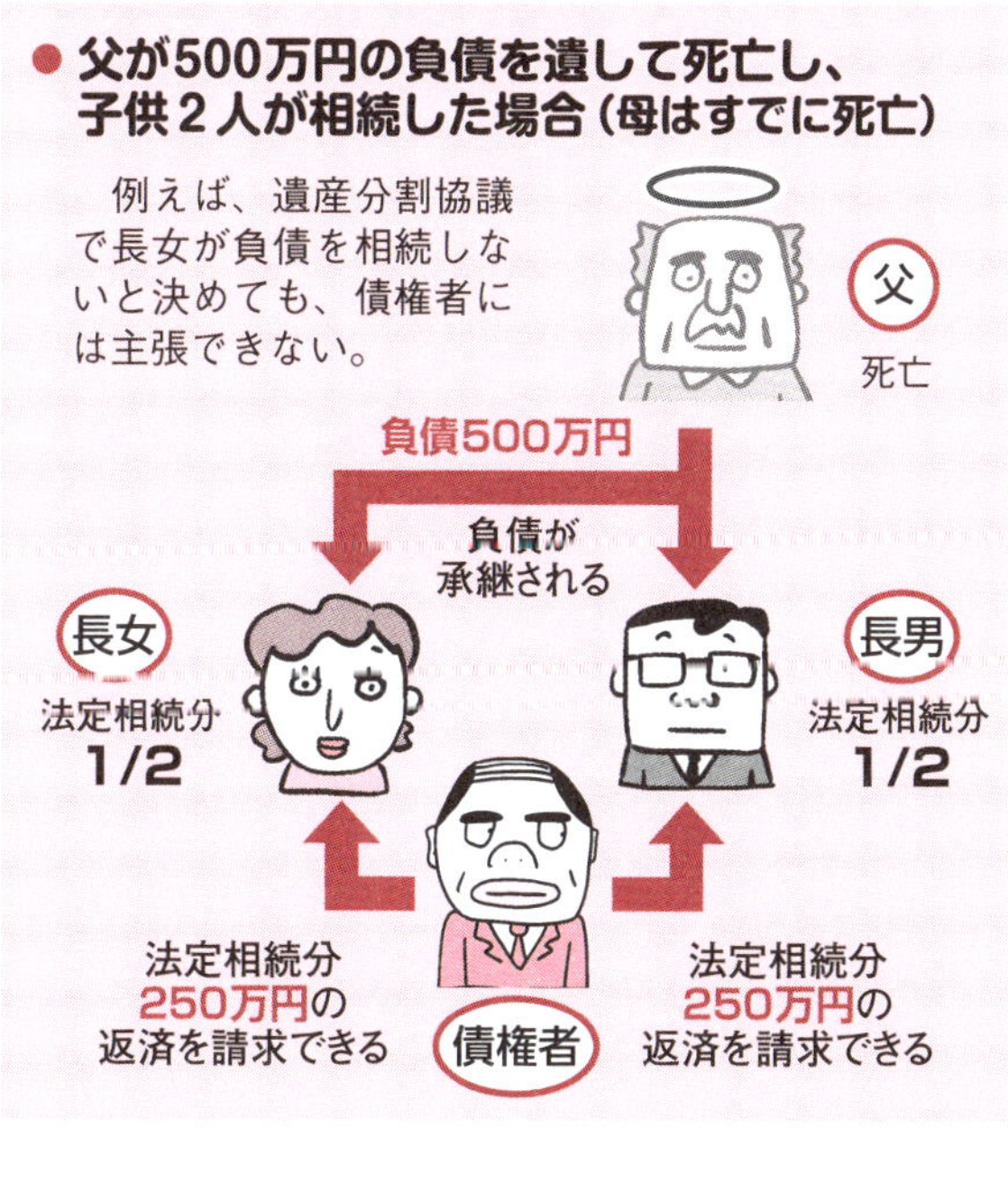
● 父が500万円の負債を遺して死亡し、子供２人が相続した場合（母はすでに死亡）
例えば、遺産分割協議で長女が負債を相続しないと決めても、債権者には主張できない。
父
死亡
負債500万円
負債が承継される
長女
法定相続分 1/2
長男
法定相続分 1/2
法定相続分 250万円の返済を請求できる
債権者
法定相続分 250万円の返済を請求できる

Q47 遺産分割協議は、どのように進めたらいいですか？

A 事前に相続人、遺言書の有無、遺産を調べて、全員の合意が得られるまで協議を重ねる。

遺産分割協議は、遺産分割協議書の作成を最終ゴールとして次のように進めていきます。

❶相続人の範囲を確認する

通常は、被相続人（故人）の出生から死亡に至るまでの戸籍謄本、改製原戸籍などから相続人の範囲を調べます。養子縁組の有無、認知の有無も調べて、相続人が誰なのかを確定させる必要があります。

❷遺言書の有無、効力を確認する

遺言書があればこれに従って遺産分割を協議します。ただし、相続人全員の合意があり、一定の条件を満たせば遺言書の内容と異なる分割をすることも可能です（Q39参照）。なお、自宅などから自筆証書遺言が見つかった場合は家庭裁判所で検認を受ける必要があります。

❸遺産の範囲を調べ、評価する

遺産（相続財産）を調べてプラスの財産（資産）、マイナスの財産（負債）に整理し、遺産目録を作成します。不動産の評価額については相続人どうしで協議するか、専門家に鑑定してもらって決めます。

遺産の調査・評価は、相続放棄・限定承認の期限である死後3ヵ月までに行う必要があります。

❹相続人どうしで遺産分割を話し合う

各相続人がそれぞれの遺産の相続割合、取得方法を話し合って決めます。また、一部の相続人が不動産などの現物を取得する場合には、ほかの相続人にいくら代償金を支払うのか、現物を売却する場合には、その代金をどう分け合うのかといったことを決めます。

❺遺産分割協議書を作成する

遺産分割協議がまとまったら、全員の合意を得た証しとして「遺産分割協議書」を作成します。この協議書には話し合いで決めた内容を記載し、相続人全員が署名・捺印（実印）します。相続手続きで必要になるので、各相続人が1通ずつ印鑑証明書とともに保管します。

Q48 法定相続人に「未成年者」や「成年被後見人」がいる場合、どうしたらいいですか？

A 原則、未成年者には親権者が、成年被後見人には成年後見人が遺産分割協議に参加する。

未成年者や成年被後見人（成年後見制度の保護や支援を受ける人）は、十分な行為能力がないと見なされるため、遺産分割協議書への署名・捺印ができません。**そこで、本人の代わりに「法定代理人」が遺産分割協議に参加して署名・捺印をします。家庭裁判所へ特別代理人選任の申立てを行い、「特別代理人」をつけることも可能です。**

一般的に、未成年者が相続人の場合は、親権者が法定代理人になります。一方、成年被後見人が相続人の場合は、成年後見人が法定代理人になります。

ただし、本人と法定代理人が共に相続人のときは、両者が利益相反《そうはん》の関係（一方が利すると一方が損する関係）になるため、特別代理人の選任が必要になります。

Q49 法定相続人に「行方不明者」がいる場合、その人を除いて進めてもいいですか？

A 1人でも欠けると遺産分割協議は無効に。裁判所へ「不在者財産管理人」選任の申立てを。

相続人の範囲を調べると、中には音信不通で所在がわからない、存命なのか死亡しているのかもわからないといった「行方《ゆくえ》不明者」が該当している場合があります。これでは、遺産分割協議を行っても相続人全員の合意が得られないため、遺産（相続財産）を相続できません。

そこで、行方不明者が相続人に該当したときは、家庭裁判所に「不在者財産管理人」の選任の申立てを行います。この不在者財産管理人が、行方不明の相続人に代わって遺産分割協議に参加することになります。

ただし、実際に行方不明なのかどうかは、戸籍や住民票の確認、居住の実態があるかどうかの調査を行い、十分に精査してから判断されることになります。

Q50 遺産分割協議への相続人全員の参加が難しい場合、どうしたらいいですか？

A 一堂に会する必要はない。個別に会うほか、電話、手紙、メールなどで協議してもOK。

遺産分割協議は相続人どうしの話し合いですが、必ずしも全員が一堂に会する必要はありません。個別に会ったり、電話したりしてもOK。また、手紙、電子メール、チャットなどを使って協議をしてもかまいません。

最終的に、相続人全員が遺産分割協議書に署名・捺印し、合意の意思表示ができていれば、遺産分割協議の取決めは有効になります。

一堂に会する必要はないものの、遺産分割協議書の偽造・変造には十分注意しなければなりません。そこで、自署および実印での捺印が重要になり、実印については印鑑証明書の添付も必要です。遺産分割協議書の作成前に、相続人は実印と印鑑証明書を必ず用意しましょう。

Q51 法定相続分どおりに「不動産を分ける」には、どうしたらいいですか？

A 不動産を法定相続分に従って分ける方法には売却して代金を分ける換価分割などがある。

不動産の相続方法として「現物分割」「代償分割」「換価分割」「共有分割」という4つの方法があります。

❶換価分割

不動産を売却して代金を分ける方法です。通常、相続人が共同して売却する任意売却を選択します。

換価分割は、法定相続分どおりに金銭を分配できることから、不動産の相続方法の中で最も公平といえるでしょう。

ただし、不動産の売買では、譲渡益に対する所得税や住民税などの税金、仲介業者への手数料、相続登記などのコストがかかります。また、相続財産となった家に被相続人（故人）の妻が住んでおり、配偶者居住権を主張した場合は売りに出せないこともあります。

❷代償分割

不動産の所有権を受け継ぐ特定の相続人が、ほかの相続人に金銭で法定相続分の超過分を支払う（代償する）方法です。公平性の高い不動産の相続方法ですが、代償する相続人には十分な資金力が必要とされます。

また、不動産の評価額で代償金が増減するため、複数の評価（市場価格、公示価格、路線価、固定資産税評価など）について相続人の間で合意する必要があります。なお、代償分割を行うと相続税はかかりませんが、所得税や住民税などの納税負担が重くなる場合があります。

❸現物分割

相続人のうちの1人が不動産を現況のまま受け継ぐ方法です。ほかの相続人への代償金の支払いは不要ですが、預貯金などの相続分を減らされることがあります。

❹共有分割

相続人の全員または一部で共有する方法です。各相続人の相続割合（持分）で所有権を設定し、共有名義で登記します。そもそも、相続の開始時点で未分割の不動産は共有状態であると解釈できるので、共有分割は理にかなった相続方法といえます。

しかし、共有分割で不動産を相続すると、売却したいときや賃貸に出して収益を得たいときに、共有者の全員または過半数の同意を得る必要があります。また、固定資産税、都市計画税の支払いをどうするかなど、金銭上のトラブルが起こりやすいことにも注意が必要です。

共有者どうしで争いが起こる可能性があるなら、遺産分割協議で共有分割を選ばないほうが無難でしょう。

不動産の相続方法

❶ 換価分割

不動産を売却して代金を分ける方法。現金化することによって公平に遺産分割ができる一方、不動産の売却がスムーズにいかないこともある。

❷ 代償分割

不動産の所有権を単独で取得する相続人が、ほかの相続人に代償金を支払う方法。代償金の支払いによって相続人の間で公平性が保たれる。

❸ 現物分割

相続財産を現況のままの状態で分割する方法。例えば、「不動産は長男」「自動車は次男」というように、1つの遺産を1人の相続人に分配する。

❹ 共有分割

不動産を相続人の全員または一部で共有し、共有名義で登記する方法。売却や大規模修繕などのときは共有者全員または過半数の同意が必要になる。

Q52 被相続人に特別な貢献をした「寄与分」は遺産分割協議で主張できますか？

A 相続人なら寄与分を主張できるが、ハードルは高く、厳しい条件が設けられている。

「寄与分」は、被相続人（故人）の財産の形成・維持・増加などに貢献した相続人に、法定相続分に加えて認められる相続分です。寄与分を主張できるのは、あくまで相続人に限られます。相続人の配偶者、相続人の子供、相続人の内縁の妻などは、寄与分を主張できません（相続人の寄与分として考慮されることがある）。

寄与分の主張が認められるためのハードルは高く、厳しい条件が設けられています。寄与分が認められるのは次のような「特別の寄与」に該当するケースです。

扶養義務の範囲は寄与分とならない

❶事業に関する労務提供

被相続人が生前に自営業などを行っており、長年にわたって相続人が無償で家業を手伝っているようなケースが当てはまります。ただし、家業を手伝っていたことが必ずしも特別な寄与とはいえず、寄与分の金銭的評価も困難なことが多いとされています。

❷事業に関する財産上の給付

被相続人が生前に自営業などを行っており、相続人が自分で資金を提供して事業を立て直したなどのケースが該当します。財産上の給付額（提供した資金の額）を立証できれば、寄与分の金銭的評価を明確にできます。

❸療養看護

被相続人が生前に自宅で療養し、相続人が介護を長年継続したようなケースが当てはまります。病院や施設などの医療サービス・福祉サービスを利用しなかったことが特別の寄与として考慮されるポイントとなります。ただし、子供が親の療養看護を行っていた場合、扶養《ふよう》義務の範囲であるのか、特別に寄与したのかで争われることが多く、寄与分の金銭的評価は難しいとされます。

❹扶養（生活扶助《ふじょ》）

被相続人の親と同居して面倒を見ており、衣食住のコ

ストを負担したようなケースです。療養介護と同様に、扶養義務の範囲があるため、寄与分の評価額を明確にするのは難しいとされています。

❺**財産の維持、または増加**

被相続人名義の不動産の購入や住宅ローンの返済などを相続人がサポートしていたようなケースです。そのサポートが資金提供なら金銭的評価が容易になります。ただし、被相続人の財産の形成にどの程度寄与したかについては評価が難しいといえます。

まずは遺産分割協議で寄与分を話し合う

通常、**相続人が主張した寄与分については、遺産分割協議で評価額を含めて話し合うことになります。**

協議がまとまらないときは、家庭裁判所に遺産分割の「調停」または「審判」を申し立てられます。調停を希望する場合は、寄与分を定める処分調停事件として申立をします。調停では当事者双方から話を聞き、必要に応じて提出された資料の内容を考慮したうえで、解決案を提示したり、解決に必要な助言を行ったりして、合意を目指した話し合いが進められます。調停でも話し合いがまとまらず、不成立になった場合は、家庭裁判所の審判手続きが開始されます。家庭裁判所の審判では、寄与の時期、方法および程度、相続財産の額、その他の事情を考慮して寄与分を認めるかどうかを判断します。

遺産分割協議、あるいは家庭裁判所の調停や審判で寄与分の主張が認められると、被相続人が所有していた遺産（相続財産）の合計額から寄与分を控除したものを遺産と見なし、その人の相続分に寄与分を加えた額が実際の相続分となります。寄与分を加えた相続分の計算については、左の図を参照してください。

寄与分を加えた相続分

● **寄与分を加えた相続分の計算式**

（相続開始時の財産 －
寄与分）×
法定相続分 ＋ 寄与分
＝ 寄与分を加えた相続分

【計算例】
子が、亡くなった父（被相続人）の介護施設費用を500万円負担
相続開始時の財産：3,000万円
法定相続分：1/2　寄与分：500万円

計算式に代入：
（3,000万円 － 500万円）
× 1/2 ＋ 500万円＝
寄与分を加えた相続分1,750万円

Q53 遺産分割協議で「借金の負担割合」を自由に決めることはできますか？

A 債務の負担割合は相続人どうしで決められるが、債権者にこれを主張できないので要注意。

遺産（相続財産）に借金などの負債がある場合、誰がどれだけの割合で返済義務を負うかを遺産分割協議で決めることができます。また、複数いる相続人のうちの1人が借金を返済するという取決めも可能です。

ただし、Q46で説明したように遺産分割協議で借金返済の負担割合を決めても、第三者である債権者には効力がありません。相続人はこの協議で合意した借金返済の負担割合を債権者に主張できず、法定相続分の割合に応じて借金返済の義務を負わなければならないのです。

なお、負債の種類が物品や不動産といった不可分債務（分割できない債務）の場合は、相続人全員が同一の履行義務を負うことになります。

Q54 遺産分割協議がまとまったら「遺産分割協議書」は作成すべきですか？

A 遺産分割協議は口頭だけでも成立するが、遺産分割協議書がないと後々のトラブルに。

遺産分割協議で話し合いがまとまったら、取り決めたことを「遺産分割協議書」にまとめて、相続人全員で署名・捺印（実印）します。遺産分割協議書の書き方は、左の作成例を参照してください。

相続人どうしが対立していなければ遺産分割協議書を作らなくてもいい――こう考える人がいるかもしれませんが、多くの相続手続きで遺産分割協議書が必要になります。例えば、不動産の所有権移転登記（相続登記）をするさいは、法務局に遺産分割協議書を登記原因証明として提出しなければなりません。また、被相続人（故人）が開設した銀行口座の解約、預貯金の引出しでも遺産分割協議書の提出を求められるのが一般的です。

遺産分割協議書の作成例

遺産分割協議書

　令和▲年７月31日、東京都港区□□□３丁目■番10号　●●一郎（最後の本籍　東京都文京区□□□１丁目■－５）の死亡によって開始した相続の共同相続人である●●花子、●●太郎及び●●洋子は、本日、その相続財産について、次のとおり遺産分割の協議を行った。

相続財産を、具体的に記載する

１．次の資産は、●●花子がすべて単独で取得する。

（1）　所　在　　東京都港区□□□３丁目
　　　地　番　　■番10
　　　地　目　　宅地
　　　地　積　　○○.○○㎡

（2）　所　在　　東京都港区□□□３丁目■番10
　　　家屋番号　▲番10
　　　種　類　　居宅
　　　構　造　　木造２階建て
　　　地　積　　１階　○○.○○㎡　　２階　○○.○○㎡

２．次の資産は、●●太郎がすべて単独で取得する。

△△銀行中央支店　普通預金　口座番号 1111111　金 300万円
□□銀行大通支店　普通預金　口座番号 1111111　金500万円

　本遺産分割協議の成立を証するため、本協議書を３通作成し、署名捺印のうえ各自１通を保有する。

令和▲年８月31日

相続人全員で署名・捺印（実印）し、印鑑証明書を添付する

住所　東京都港区□□□３丁目■番10号
　　　　　　　　氏名　●●　花子　㊞

住所　東京都港区□□□３丁目■番10号
　　　　　　　　氏名　●●　太郎　㊞

住所　埼玉県△△△市○○５丁目▲番10号
　　　　　　　　氏名　●●　洋子　㊞

Q55 遺産分割協議がまとまらなかったときは、どうしたらいいですか？

A 裁判所への遺産分割調停の申立てが必要に。調停も不成立なら審判によって解決。

遺産分割協議で話し合いがまとまらなかった場合は、家庭裁判所の「遺産分割調停」や「遺産分割審判」の申立てを行うことになります。

まず、遺産分割調停では、裁判官と調停委員が調停委員会を構成し、当事者から事情を聞いたり、必要に応じて相続財産に関する資料の提出を求めたりして事情を把握して仲立ちします。そして、調停案として解決案を提示したり、解決のための助言をしたりして、当事者全員の合意を目指した話し合いが行われます（下の図参照）。

調停はあくまで話し合いによる手続きなので、調停が成立するためには相続人全員の合意が必要です。

遺産分割調停を行っても解決に至らず、調停が不成立（不調停）となることがあります。また、相続人全員で話し合いを行うことが困難といった事情が生じることもあります。**このような場合には、次に、家庭裁判所の遺産分割審判を申し立てることができます。遺産分割審判では、裁判官が相続人の主張や提出された資料などを考慮し、相続財産の分け方を審判書で決めます。**

なお、相続財産は法律上、法定相続分に応じて分割されることになっています。調停や審判による遺産分割も法定相続分に基づいて行うのが一般的です。

遺産分割調停の流れ

遺産分割調停の申立て
話し合いで対立している相手方の住所地を管轄する家庭裁判所に申し立てる。提出する書類は、申立書、被相続人の戸籍謄本、相続人全員の戸籍謄本・住民票など。

▼

遺産分割調停
裁判官と調停委員が構成した調停委員会を介して相手方と話し合う。

▼

話し合い成立 → **調停成立**

話し合い決裂 → **遺産分割審判**

第5章

相続編⑤

よく起こる「相続トラブル」についての疑問18

▶Q56～73◀

回答者

東池袋法律事務所

弁護士

根本達矢《ねもとたつや》

相続人の寄与分や特別受益を考慮しない相続対策では高確率で「争族」が勃発！

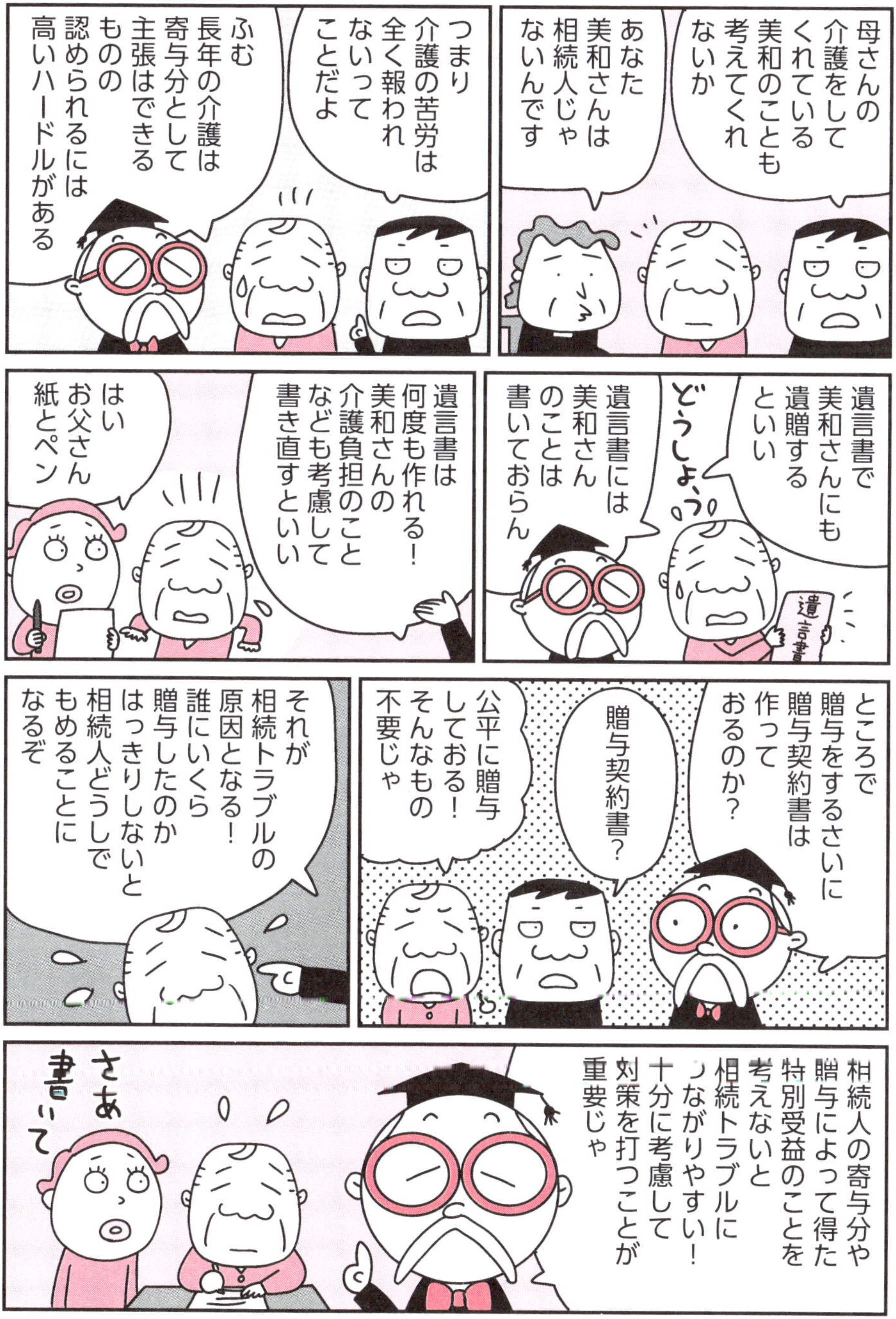
母さんの介護をしてくれている美和のことも考えてくれないか
あなた美和さんは相続人じゃないんです
つまり介護の苦労は全く報われないってことだよ
ふむ 長年の介護は寄与分として主張はできるものの認められるには高いハードルがある
遺言書で美和さんにも遺贈するといい
どうしよう
遺言書には美和さんのことは書いておらん
遺言書
遺言書は何度も作れる！美和さんの介護負担のことなども考慮して書き直すといい
はい お父さん 紙とペン
ところで贈与をするさいに贈与契約書は作っておるのか？
贈与契約書？
公平に贈与しておる！そんなもの不要じゃ
それが相続トラブルの原因となる！誰にいくら贈与したのかはっきりしないと相続人どうしでもめることになるぞ
相続人の寄与分や贈与によって得た特別受益のことを考えないと相続トラブルにつながりやすい！十分に考慮して対策を打つことが重要じゃ
さあ書いて

Q56 被相続人の介護をしていた兄が「寄与分」を主張しました。認められますか？

A 介護をしていた程度では子供として当然の行為と見なされ、法律上は認められない。

遺言書がなく、相続人どうしで遺産（相続財産）を分け合うさいには、「法定相続分」を基準にして分配するのが一般的です。法定相続分とは、民法で定められた相続人が取得する相続財産の割合のことをいいます。

しかし、相続人の中に、被相続人（故人）の家業を無給で手伝ったり、仕事を辞めて献身的な介護をしたりしていた人がいるケースも少なくありません。そのような人がいても、その貢献を考慮せずに法定相続分で遺産を分けるとなると、不公平になってしまいます。

そこで、民法では、被相続人の財産の維持や増加に貢献した場合に、ほかの相続人よりも多く遺産を受け取ることができる「寄与分」という制度を定めています。

ただし、寄与分には高いハードルがあります（Q58参照）。民法で「夫婦や直系血族（父母や祖父母）、同居の親族は、互いに助け合わなければならない」とされているため、身の回りの世話や介護をした程度の貢献では、寄与分は認められないのです。

寄与分が認められるには、被相続人に対する扶養《ふよう》義務を超えた「特別の寄与」があり、その結果、被相続人の財産の維持・増加に貢献したという事情が必要です。

寄与分が認められる要件

■寄与分の要件

❶被相続人に対する特別の寄与があり、❷特別の寄与によって被相続人の財産の維持・増加に貢献したこと。

■特別の寄与の代表例

- 相続人の1人が被相続人を長年介護したことで多額の介護費用の支出を免れ、被相続人の財産の維持や増加に貢献した
- 相続人の1人が被相続人の事業を無償ないし無償に近い形態で長年従事していた
- 相続人の1人が被相続人の生活費を長年援助したことで、被相続人の財産の維持に貢献した

など

Q57 他の相続人に寄与分を認めてもらうには、どうしたらいいですか？

A 寄与分の法的ハードルは高い。まず遺産分割協議で苦労分を多く相続する旨の合意を。

相続人全員で遺産（相続財産）をどのように分けるかを話し合う「遺産分割協議」では、必ずしも法定相続分に従わなければならないわけではありません。

まずは、遺産分割協議で寄与分を主張しましょう。その結果、相続人全員の合意が得られれば、法定相続分に上乗せして遺産を相続することができます。必ず、その内容をまとめた遺産分割協議書を作成してください。

寄与分について、**相続人全員の合意が得られなかった場合には、家庭裁判所に「遺産分割調停」を申し立てることになります。**そのさいは、被相続人（故人）に特別の寄与を行った事実を証明する必要があり、介護や金銭的な援助の記録などの証拠の提出が求められます。

Q58 寄与分が認められるのは、どのようなケースですか？

A 被相続人の家業を無給で手伝っていた、会社を辞めて長く療養介護を担っていた、など。

寄与分が認められるケースはさまざまです。いくつかの形態に分類して、具体的に見ていきましょう。

●**家業従事型**

被相続人の家業を、無償または無償に近い金額で手伝っていたケース。例えば、被相続人（故人）が経営している店を相続人である息子が15年間無給で手伝った場合などです。もちろん、ほかの従業員と同様の給与をもらっていた場合には、寄与分として認められません。

●**金銭出資型**

被相続人の事業の借金を代わりに返済した、被相続人名義で事業用の不動産を取得するさいに資金を提供して被相続人の財産の増加に貢献したなど、お金を支出したケース。ただし、親の海外旅行代などを負担しても、扶養《ふよう》の範囲なので、寄与分は認められません。

●療養看護型

相続人が被相続人の介護や看護をしたことで、被相続人が支払うべき費用の支出を免れたケース。例えば、娘が仕事を辞めて、寝たきりの被相続人を24時間3年間にわたって介護した場合などが該当します。

●扶養型

被相続人に対して、通常期待される程度以上に生活の面倒を見ていたケース。相続人のうち1人だけが、被相続人に定期的な仕送りをしていたようなケースです。ただし、同居する親族の場合は互いに扶養の義務を負っているので、寄与分が認められるのは難しいでしょう。

●財産管理型

被相続人の財産を管理することで財産の維持・増加に貢献したケース。例えば、被相続人が所有する賃貸住宅の管理を無償で行っていた場合です。管理会社が賃貸住宅を管理していて、相続人がたまに掃除をする程度では、寄与分は認められません。

寄与分が認められる例

◉ **家業従事型**
被相続人の家業を、無償または無償に近い金額で手伝っていた。

◉ **金銭出資型**
被相続人の事業の借金を肩代わりするなど、お金を支出した。

◉ **療養看護型**
相続人が被相続人の介護や看護を行ったことで、本来、被相続人が支払わなければならなかった費用の支出を免れることができた。

◉ **扶養型**
被相続人に扶養の必要性がある場合に、通常期待される程度以上に生活の面倒を見ていた。

◉ **財産管理型**
被相続人の財産を管理することで財産の維持、増加に貢献した。

相続人以外の人は「特別寄与料」を請求

かつては、相続人以外の親族が、被相続人を介護したり、家業に無償で従事したりするなどの貢献を行って、被相続人の財産を維持または増加させても、遺産を受け取ることはできませんでした。

2019年の民法改正により、こうした不公平が解消されて「特別寄与料」が請求できるようになりました。6親等以内の血族や配偶者、3親等以内の姻族が無償で家業に従事していたような場合には、寄与の程度に応じて、遺産（相続財産）を受け取ることが可能です。

Q59 寄与分が認められた場合、どれくらいの額になりますか？

A ケースによって寄与分の額は大きく違う。予想していた額よりずっと少ないことが多い。

遺産分割協議で、ただ漠然と「400万円の寄与分がほしい」と寄与分を主張しても、ほかの相続人の合意を得るのは難しいでしょう。どれくらいの期間、どのように貢献したのか、領収書や寄与分の根拠となる数字を提示する必要があります。

例えば、被相続人（故人）を介護していた場合は「国の介護報酬基準額は要介護3で日額5840円で、3年間介護をしていたから、5840円×3年間で約640万円。そこで、寄与分として約6割に当たる400万円を上乗せしてほしい」といえば、説得力が増します。

一般に、寄与分の額は「寄与した金額×寄与した期間×裁量的割合」で算出されます。裁量的割合とは、寄与分に対して、どのくらいの割合で認めるかという割合です。そもそも身内には扶養《ふよう》義務があるため、その分を裁量的割合に加味して計算します。

遺産分割協議や遺産分割調停（Q57参照）でも合意が得られない場合は、遺産分割審判となり、最終的には家庭裁判所が決定します。過去の判例では、寄与分がすべて認められたケースもあれば、寄与分が遺産全体の4％しか認められなかったケースもあります。

寄与分の計算例

家業従事型	寄与者が通常受け取るべき給与額×（1－生活費控除割合※1）×寄与年数＝寄与分 ※1. 相続人が被相続人から受けていた生活費などの援助の度合い
金銭出資型	贈与した額×貨幣価値の変動率×裁量的割合＝寄与分
療養看護型	付添介護人の日当額※2×療養看護日数×裁量的割合＝寄与分 ※2. 国の介護報酬基準額など
扶養型	負担した扶養額×負担していた期間×（1－寄与相続人の法定相続分割合）＝寄与分
財産管理型	管理や売却手続き等を第三者に委任した場合の報酬額×裁量的割合＝寄与分

Q60 相続発生後、被相続人と同居の姉が「預金を横領」していました。どうしたらいいですか？

A 不自然なお金の流れがあっても横領と決めつけず、まずは話し合いで解決を目指すこと。

遺産（相続財産）の「横領」や「使い込み」は、相続人がほかの相続人の同意を得ずに被相続人（故人）の遺産を勝手に処分したり隠したりする行為のことをいいます。

被相続人の預金通帳からお金が引き出されているからといって、横領とは限りません。例えば、子供が親から財産管理を任されていたり、親の生活の面倒を見ており、親の入院費や介護費用、生活費などを支払うためにお金を引き出していたりしたのであれば、横領にも使い込みにも該当しません。お金の流れが不自然でも、まずは相手とよく話し合う必要があります。

遺産の横領は法律に違反する行為です。被相続人から財産管理の委託をされていた場合には「横領罪」、委託もないのに勝手に使った場合には「窃盗《せっとう》罪」などの刑事罰に問われる可能性があります。

一方で、窃盗罪や横領罪には「親族間の犯罪に関する特例」があり、配偶者や、親・子・祖父母・孫など直系血族、同居の親族との間で窃盗や横領をした場合には、刑が免除され、罪に問えないことがあります（内縁の配偶者については特例が適用されず、罪に問われる）。

また、訴訟を起こして相手に刑事罰が科されたとしても、裁判所は横領したお金を返すように命令してくれるわけではありません。**横領された遺産を取り戻すには、別途、民事上で「不当利得返還請求」や「損害賠償請求」などを行う必要があります。**

さらに、遺産の使い込みには、5年または10年の時効があります。そのため、早めに請求することが必要です。

遺産の横領の例

- 被相続人の**預貯金**を勝手に引き出して着服した
- 被相続人の**たんす預金**を黙って自分の懐に入れた
- 被相続人の**不動産**を無断で売却した
- 被相続人の**貴金属**や**宝石**などを無断で売却した
- 被相続人の**株式**を勝手に売り、**売却金**を着服した　など

Q61 同居している家族が預金を横領するケースが多い理由はなんですか？

A 横領する人にも事情あり。介護などの苦労が寄与分で報われないという問題も大きい。

遺言書がない場合には、原則として、被相続人（故人）の配偶者と、血縁関係のある人（血族）が遺産を分割します。つまり、相続人の配偶者は、遺産を受け取ることができません。**そこで、2019年の民法改正により、被相続人に著しい貢献をした人は「特別寄与料」が請求できるようになりました（Q58参照）。**

しかし、この制度を知らない、遺産分割協議で寄与分が認められない、トラブルをさけたかったという事情で、著しい貢献をした人が寄与分を受け取っていないケースも多く見られます。**このように、なかなか寄与分が認められないことから、同居している家族による預貯金などの横領が起こりやすいといわれています。**

Q62 何もしていないのに横領を疑われた場合、どうしたらいいですか？

A 証明は困難。事前に預金をいつ・いくら引き出したか、何に使ったかを記録すること。

被相続人（故人）から財産管理を任されていると、ほかの相続人から遺産の横領を疑われることがあります。**感情的にならず、どこが疑わしいのか、相手の主張を冷静に聞いて、納得してもらえる証拠を提示しましょう。**

例えば、被相続人に依頼されて預貯金を引き出したことが疑わしいといわれたら、被相続人からの依頼時のメモや手紙、メールの記録などを探して提示します。

こうしたトラブルをさけるためにも、親などの親族から財産管理を依頼されたら、引き受けた時点で「財産管理委任契約書」などを取り交わしておくことが大切です。そのうえで、家計簿や支出記録をつけ、支払いのさいのレシートも保存しておくといいでしょう。

Q63 「認知症の父が作成した遺言書」が見つかりました。有効ですか？

A 認知症になると法的行為はできず、無効になる可能性大。ただし認知症の立証は難しい。

認知症の人が作成した遺言書が見つかった場合は、遺言書の作成当時に「遺言能力」があったかどうかで有効性が判断されます。遺言能力とは、遺言の意味や遺言の結果、どのような法律効果が生じるかを理解できるだけの能力のことをいいます。

認知症と診断された被相続人（故人）が、遺言書の作成当時に遺言能力があったことを証明するのは困難です。また、認知症と診断されていても、症状には波があり、調子のいいときには遺言書を作ることもできるでしょう。そのため、相続が開始されると、遺言書の有効・無効が争われて裁判になることもあります。

判例では、意思能力が失われて遺言の意味も認識できないような状態で作成された遺言書は「無効」としています。一方で、認知症の程度や症状、遺言書の内容などによっては、有効性が認められることがあります。認知症の症状が軽度の場合や遺言書の内容がシンプルな場合には、有効と判断される可能性もあるのです。

遺言能力があるかどうかは、**❶遺言者の年齢、❷精神鑑定の結果や主治医などの診断、❸遺言時・遺言前後の症状・言動、❹遺言を作成する動機・理由、❺遺言内容の複雑性、❻遺言者と受遺者との関係、遺言の動機**など、さまざまな要素を総合的に考慮して判断されます。

遺言能力が認められる要素

❶遺言者の年齢
❷精神鑑定の結果や主治医などの診断
❸遺言時・遺言前後の症状・言動
❹遺言を作成する動機・理由
❺遺言内容の複雑性
❻遺言者と受遺者との関係、遺言の動機　など

Q 64 認知症で無効とならないように遺言書を遺すには、どうしたらいいですか？

A 症状が軽いときに作成しても問題あり。認知症になる前に遺言書を遺すなどの対策を。

遺言書が無効にならないように、遺言能力（Q63参照）があるうちに遺言書を作成しておきましょう。

遺言書は「公正証書遺言」の形式にするのがおすすめです（Q32参照）。公正証書遺言は、遺言者（遺言書の作成者）と証人2人以上で公証役場に出向き、遺言者が口述した内容を公証人が作成してくれるので、形式不備による無効はありません。

遺言書の中で「遺言執行者」を指定しておくのもいいでしょう。遺言執行者とは、遺言の内容を実現するために一定の権限が与えられた人のことで、遺言者自身が指定することができます。

遺言書を作成するさいは、弁護士や司法書士などの法律の専門家に相談するのがベストです。その流れで、相談した相手に公証人役場での証人や遺言執行者になってもらうといいでしょう。

遺言能力が争われたときの証拠を残しておくことも重要です。具体的には、遺言書を作成する前に医師の診察を受け、その時点における認知症の程度や心身の状態についての診断書を残しておきます。医師による認知機能テストを受けた記録も証拠となります。

さらに、認知症の発症を自覚したら、すぐに診断書を取ることもポイントです。認知能力のない状態で遺言書を作っても無効とされるので、法律の専門家と相談して公正証書遺言を作成するといいでしょう。

有効な遺言書の遺し方

- 遺言能力があるうちに遺言書を作成する
- 公正証書遺言を作成する
- 遺言書の内容をシンプルにする
- 遺言執行者を指定する
- 遺言能力が争われたときの証拠を残しておく
- 認知症の症状を自覚したら、すぐ診断書を取る
- 遺言書の作成時には、法律の専門家である司法書士や弁護士に相談する

Q65 弟だけが「住宅資金」を贈与されていました。弟の相続分を減額できますか？

A 特別受益として遺産に組み入れて計算し、法定相続人が分け合って相続することになる。

特定の相続人だけが被相続人（故人）から多額の贈与を受けていた場合は、「特別受益」として、遺産（相続財産）に持ち戻すことになります。これを「特別受益の持戻し」といいます。

この特別受益を加えないで遺産総額を計算し、各相続人の相続分を決めると、ほかの相続人にとっては不公平が生じてしまいます。そこで、遺産分割のさいには、被相続人の相続財産に特別受益額を加算して遺産総額を計算することになります。

特別受益があった場合、これを相続財産に組み入れたうえで遺産分割を行います。そのさいの手順は、次のとおりです。

❶特別受益額を割り出す
❷相続財産額に特別受益額を加算して、みなし相続財産を算出する
❸みなし相続財産を法定相続分で分割する
❹特別受益者は、自身の法定相続分から特別受益分を差し引いた額を相続する

贈与された財産が特別受益に該当するかどうかは、贈与された財産の金額、遺産総額との比較、ほかの共同相続人とのバランスなどを考慮したうえで判断されます。

特別受益があるときの相続例

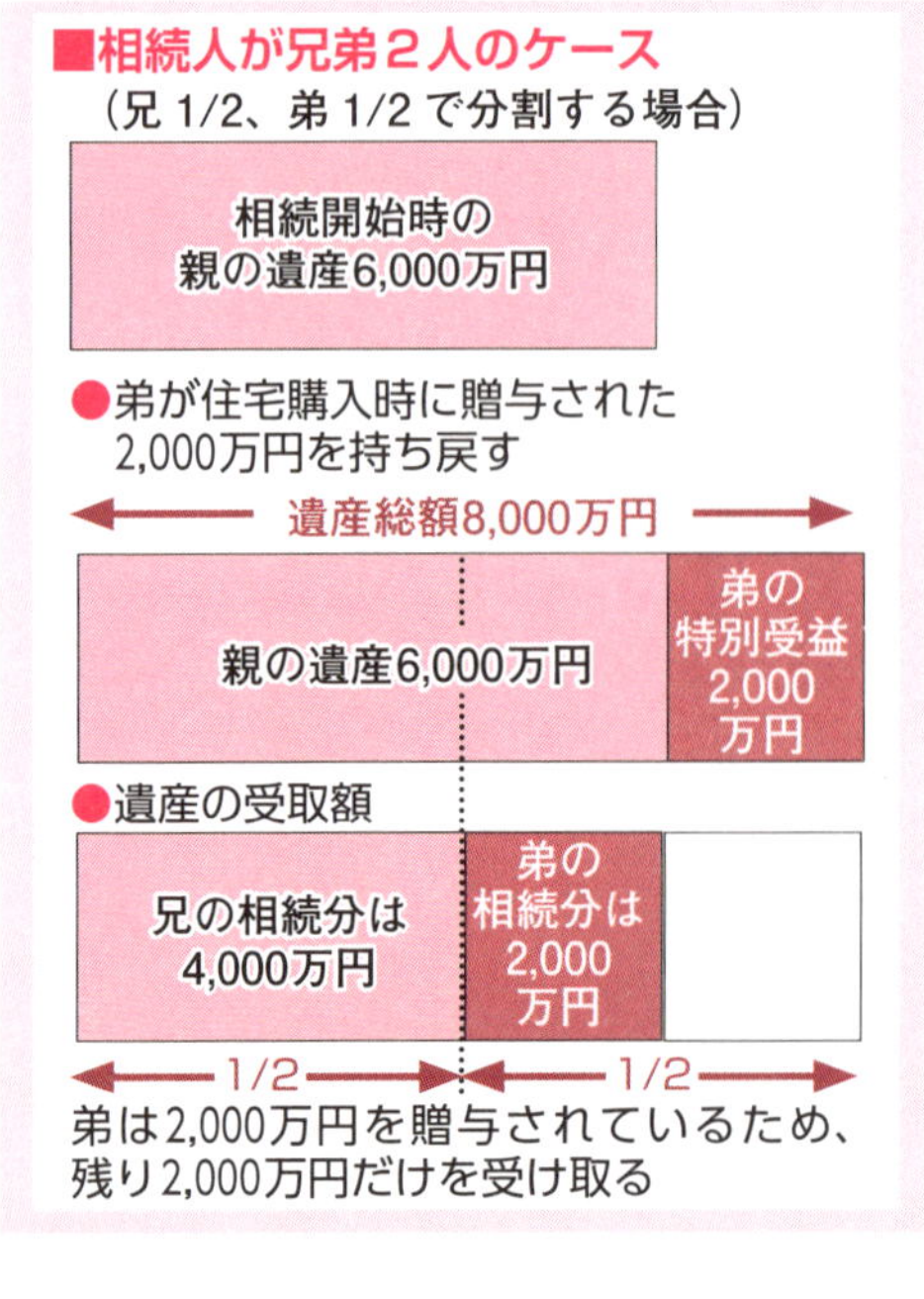

Q66 贈与された財産が遺産に組み込まれる「特別受益」となるのは、どんなケースですか？

A 扶養的援助を超える贈与。住宅購入資金のほか多額の結婚資金や進学資金も対象に。

「特別受益」となるのは、扶養《ふよう》の範囲を超える贈与や遺贈（遺言で遺産を贈ること）があった場合です。ただし、被相続人（故人）の収入や資産、社会的地位、ほかの相続人とのバランスなどの要因によって判断されます。

具体的には、婚姻や養子縁組に伴う金銭の贈与、開業資金や住宅購入資金の贈与、居住用不動産の贈与、借金を肩代わりしての支払いなどが該当するとされています。新築祝いや入学祝い、挙式費用など、通常の範囲内の贈与は特別受益の対象外とされます。

大学の学費も対象外ですが、私立大学の医学部や歯学部の学費、海外留学費用などは、特別受益と判断されるケースもあります。

Q67 2023年4月1日から「寄与分・特別受益に期限が設けられた」とは本当ですか？

A 本当。相続開始後10年を経過すると主張できなくなる。検討中の人は、早めに行動を。

「特別受益の持戻し」（Q65参照）と、「寄与分」（Q56〜59参照）について、以前は「いつまでに主張しなければならない」という期限はありませんでした。

しかし、**民法改正により、2023年4月1日以降に発生した相続からは、相続人の間で遺産分割協議がまとまらない場合、原則として被相続人（故人）が亡くなってから10年以内に家庭裁判所に遺産分割調停などの申立てを行わなければ、特別受益や寄与分の主張ができなくなりました。**なお、経過措置として、2018年3月31日以前に亡くなった被相続人の遺産分割は、2028年3月31日までに裁判所に遺産分割調停の申立てを行えば、特別受益や寄与分の主張ができます。

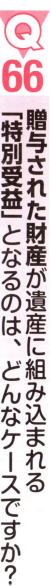

Q68 兄から「母の相続で調整する」といわれ今回の父の相続は放棄します。大丈夫ですか？

A 法律上、一次相続のさいの約束は二次相続では全く効力なし。約束を信用するのは禁物。

父が亡くなり、遺された母と子供が遺産を相続したとします。これを「一次相続」とすると、一次相続後に遺された母も亡くなり、子供だけが遺産を相続するといったケースが「二次相続」に相当します。

一般的に、一次相続と二次相続の違いは、相続人が配偶者と子供か、子供だけかという点です。一次相続では「基礎控除3000万円＋（600万円×法定相続人の数）」があり、さらに配偶者には「相続税の配偶者特別控除」（総額1億6000万円まで、もしくは法定相続分まで相続税がかからない制度）があります。

一方、配偶者を被相続人（故人）とする二次相続では、配偶者が除かれる分、基礎控除額が減って、相続税が高額になったり、不動産が公平に分割できなくなったりしてトラブルになりがちです。

ただし、Q68での質問は、「父の一次相続で相続放棄した場合、母の二次相続で調整するという約束を守ってもらえるか」ということです。

結論をいえば、法律上、一次相続での約束は、二次相続では全く効力がありません。民法では、相続はあくまで被相続人1人の遺産額を基準として行われるからです。次の母の相続のさいに調整されなくても、法的には問題ないので、注意が必要です。

一次相続と二次相続の違い

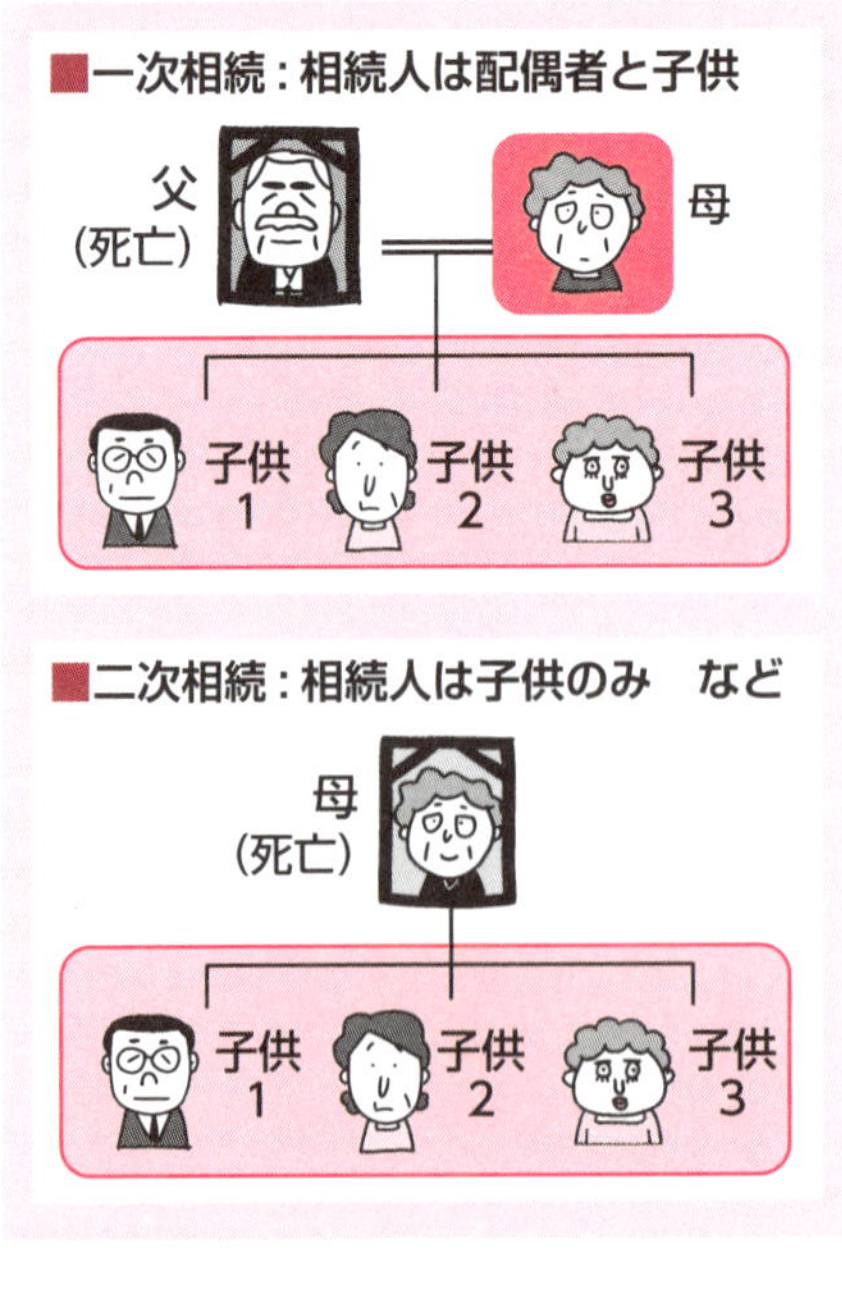

Q 69 「母の相続で調整する」との約束を兄に守ってもらうには、どうしたらいいですか？

A 母には遺言書を作成してもらい、兄に遺留分放棄の手続きをしてもらうことが必要。

一次相続のときに「二次相続のときは、このように遺産を分けよう」といわれていたのに、いざ二次相続になると「そんな約束はしていない」と約束を反故《ほご》にされてしまうことは、よくある相続トラブルの1つです。

例えば、亡くなった父に2億円の遺産（相続財産）があったとします。一次相続のさいに、兄から「今回の相続では母と兄で分けるから、妹は二次相続で母の財産をもらえばいい」との申し出があったとします。

兄の申し出は、一次相続で母1億円、兄1億円、妹はゼロですが、二次相続で母が相続した1億円を受け取れば、妹が受け取る額は兄と平等に見えます。しかし、二次相続になって、兄が「そんな約束はしていない」と、母の1億円のうち半分を主張することも考えられます。

こうした一次相続での口約束がトラブルにつながるケースは少なくないのです。

では、一次相続の約束を兄に守ってもらうにはどうしたらいいのでしょうか。

それは、一次相続で兄からの申し出があった時点で、母に「私の財産はすべて妹○○に相続させる」といった内容の遺言書を作成してもらうことです。同時に、兄から二次相続のさいに遺留分の請求をされないように、母の生前に、兄に遺留分を放棄してもらいましょう。遺留分放棄の手続きは、家庭裁判所で行います。

どんなに仲のいい兄弟姉妹でも、後々「争族」に発展することは、決して珍しいことではありません。兄や母がこうした手続きを承諾してくれない場合は、一次相続のさいに自分の相続分を放棄しないで、通常の遺産分割を行ったほうがいいでしょう。

Q70 子供のいない妻は、亡くなった夫の兄弟姉妹とのトラブルが多いとは本当ですか？

A 本当。子供がいないと兄弟姉妹が相続人になり、妻が自宅に住めなくなってしまうことも。

子供のいない夫婦のどちらかが亡くなった場合、法定相続分は、被相続人（故人）の父母が生きていると、父母が1／3、被相続人の配偶者が2／3となります。

被相続人の父母や祖父母が亡くなっていて兄弟姉妹がいると、兄弟姉妹に1／4の法定相続分があります。

例えば、遺産総額が8000万円（自宅が7000万円、現金が1000万円）の場合、兄弟姉妹の取り分は2000万円です。このように、兄弟姉妹に現金で2000万円を用意できないときは大変です。

特に、配偶者と被相続人の兄弟姉妹の間では相続トラブルが多く、配偶者は自宅を売却して現金を作る必要があるかもしれません。もめることになるでしょう。

Q71 子供のいない妻が、ほかの相続人とのトラブルを回避する方法はありますか？

A 夫に「妻にすべての財産を相続させる」と書いた遺言書を遺してもらうだけでいい。

子供のいない夫婦は、ほかの相続人とのトラブルを回避するためにも、遺言書を作成しておくなどの対策を行っておくといいでしょう。

遺言書がある場合は、原則として、その内容どおりに相続が行われます（Q31参照）。遺留分を考慮する必要がありますが、被相続人（故人）の親が亡くなっている場合は、兄弟姉妹には遺留分がないので心配いりません。夫に「遺産の全額を配偶者○○に相続させる」という遺言書を書いてもらうといいでしょう。

また、生命保険金の受取人を配偶者にしておくと、配偶者は確実に財産を受け取ることができます。生命保険金は、原則として遺産分割の対象外だからです。

Q72 夫の兄弟姉妹ともめても妻は「配偶者居住権」で自宅にずっと住めるとは本当ですか？

A 本当。自宅の権利が居住権と所有権に分離され、妻は居住権を確保することが可能に。

「配偶者居住権」とは、民法改正によって新しく作られた制度です。夫婦の一方が亡くなった場合、遺された配偶者が、被相続人（故人）が所有していた家に亡くなるまで（または一定の期間）、無償で居住できる権利で、2020年4月1日以降に発生した相続が対象です。

例えば、夫が亡くなって、遺産（相続財産）が自宅4000万円、現金4000万円とします。これを2人の子供と法定相続分どおりに分割し、妻は自宅4000万円、子供はそれぞれ現金2000万円を相続したとします。しかし、この場合、妻は自宅はもらえても現金を受け取れないので、生活に不安を感じることになるかもしれません。

配偶者居住権では、建物の価値を「所有権」と「居住権」に分けて捉えます。そのため、遺された配偶者は居住権を取得すれば、建物の所有権がなくても被相続人が所有していた家に住みつづけることができます。

したがって、自宅について、妻の居住権を2000万円とすると、妻と子供は現金をそれぞれ2000万円ずつ相続することになり、妻も生活資金を受け取ることができます。

配偶者居住権は、一定の要件（左の図参照）を満たすと発生します。ただし、所有者は第三者に売ったり貸したりできるため、配偶者居住権が認められたときは、所有者とともに建物の登記をしておくといいでしょう。

配偶者居住権の要件

- 遺された配偶者は、被相続人の法律上の配偶者であること
- 配偶者は、被相続人が所有していた建物（家）に、亡くなったときに居住していること
- 遺産分割、遺贈、死因贈与、家庭裁判所の審判の4つのいずれかにより配偶者居住権を取得した

Q73 葬儀費用などに遺産の一部を使った場合、相続放棄できないとは本当ですか？

A 遺産を少しでも自分のために使うと相続放棄できないが、葬儀費用ならOKとの判例あり。

相続放棄をすると、被相続人（故人）の遺産を一切引き継ぐことができなくなります。相続放棄の対象となる遺産（相続財産）には、不動産や預貯金などのプラスの財産（資産）だけでなく、借金やローンなどのマイナスの財産（負債）が含まれます。相続放棄をするには、家庭裁判所に申述をして受理される必要があります。

相続放棄ができなくなるケースは、主に、以下の3つのケースがあります。

❶法定単純承認が成立している

「法定単純承認」とは、遺産の全部または一部の処分によって「相続することを認めた」と見なされることをいいます（下の図参照）。ただし、葬儀費用は遺産から支払っても法律上は問題なく、税制上でも葬儀代は相続税控除が認められています。

❷熟慮期間が経過している

相続放棄は、原則として相続開始を知った日から3ヵ月以内に行う必要があります。この期間を熟慮期間といいます。

❸必要な書類が不足している

相続放棄をする場合には、家庭裁判所に「相続放棄申述書」と必要書類を添付して提出する必要があります。書類に不備があると、この申述が受理されないことがあるので注意しましょう。

相続放棄ができない例

- 被相続人の現金を使い込んだ
- 預貯金の解約や払戻しを行った
- 経済的に価値のある遺品を持ち帰った
- 不動産の名義変更をした
- 賃貸物件を解約した
- 自動車を処分した
- 携帯電話を解約した
- 債務（借金や税金）を支払った
- 遺産分割協議に参加した

など

第6章

相続編❻

相続人が負担する「相続税」&「税務調査」についての疑問15

▶ Q74〜88 ◀

回答者

佐藤正明税理士・社会保険労務士事務所所長
税理士 社会保険労務士 日本福祉大学非常勤講師
佐藤正明《さとうまさあき》

贈与財産の「持戻しルール」に要注意！申告もれが発覚すると追徴税が課される

ここにいない健介さんには私が連絡するわ
1ヵ月後に全員集合だ
健介(弟)
1ヵ月後——
全員そろったようじゃ！では贈与額の申告を始めよう
暦年贈与は相続開始前7年間の額でいいのね
うん？
3年間じゃないのか？
2026年12月末までの相続の場合は3年間でいい！その後 持戻し期間は徐々に延長され7年間となるのは2031年1月以降の相続からじゃ
贈与額が0円？
調べるの面倒くさいし
暦年贈与があるしたしか住宅資金も贈与されたはずよ
税務調査が入ると大変じゃぞ
調べたらいいんだろ
なんだ持ってるじゃないか！
ごまかそうとしたのよ
通帳
じゃあ後はよろしく！
バカもん！申告・納税は自分でやるのが常識だ！
ムギュ
相続税には相続人全員の連帯納付義務があるから各自がきちんと納税することじゃ
じゃあ健介さんが納めなかったら……
オレか健太か末子が代わりに納税することになる
いいこと聞いたって顔してる
し……してません

Q74 相続税は「どんなときに」「誰が」納めるのですか？

A 遺産総額が基礎控除額を超えた場合、この超えた額に応じて各相続人がそれぞれ納税。

「相続税」とは、被相続人（故人）が遺した遺産（相続財産）を相続した人が、受け取った金額に応じて納める税金です。ただし、遺産を受け取ったすべての人に対して相続税が課されるわけではありません。

相続税がかかるかどうかは、「遺産総額」と法定相続人の人数によって異なります。遺産総額とは、被相続人の預貯金や有価証券、不動産などの財産を合計した金額から、債務や相続人が負担する葬式費用などを差し引いた後の金額です。

遺産総額が「基礎控除額」である「3000万円＋（600万円×法定相続人の数）」以内なら、相続税はかからず、申告は不要です。ただし、基礎控除額を超えると、相続税の申告と納税が必要となります。

例えば、遺産が5000万円とします。妻と子供3人が相続する場合（法定相続人は4人）、基礎控除額は「3000万円＋（600万円×4人）＝5400万円」なので、遺産は基礎控除額の範囲内となり、相続税はかからず、申告も不要です。しかし、妻と子供1人の場合には、「3000万円＋（600万円×2人）＝4200万円」が基礎控除額となるので、これを遺産から差し引いた後の800万円に相続税がかかります。

相続税の申告の要・不要

相続税の基礎控除＝
3,000万円＋
（600万円×法定相続人の数）

● 相続税がかからないケース

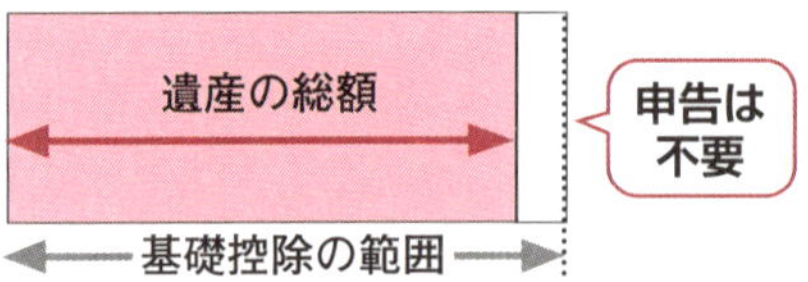

● 相続税がかかるケース

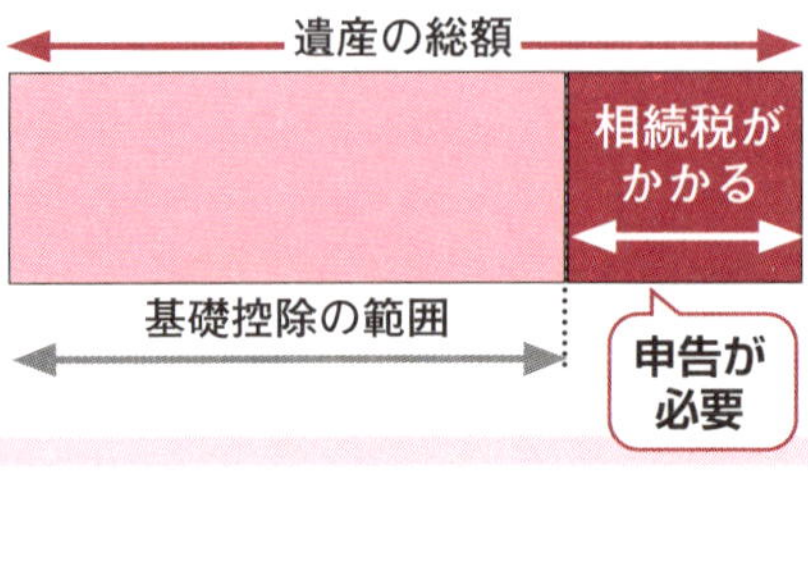

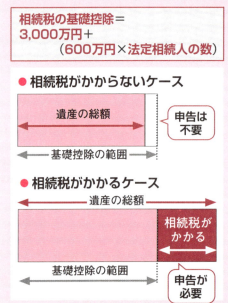

遺産を受け取った人は納税の可能性あり

相続税の納税義務があるのは、実際に遺産を受け取った人です。多くの場合、被相続人の配偶者や子供、父母、兄弟姉妹などの法定相続人（Q4参照）が、遺産を相続します。

遺産を受け取るのは、必ずしも法定相続人だけではなく、血縁関係のない友人や、介護の世話をしてくれた長男の嫁などの姻族《いんぞく》、特定の団体などにも遺贈（遺言で遺産をもらうこと）できます。ただし、遺産を受け取ると、相続税などの税金が課されることがあります。

相続税は日本の国内外に関係なく適用されます。被相続人が国内に居住していた場合は、遺産が海外にあっても相続税の対象となります。また、相続人が外国に居住している場合でも、日本国内にある遺産を受け取ったときは相続税の納税義務が生じます。

Q75 相続税は「いくら納める」ことになりますか？ 税負担は重くないとは本当ですか？

A 計算方法は非常に複雑。基礎控除額が多く税率も低いので税負担は意外と重くない。

相続税の計算は、以下の手順で行います。

❶基礎控除額を算出

［3000万円＋（600万円×法定相続人の数）］で計算。

❷遺産総額から基礎控除額を引き、課税遺産総額を算出

被相続人（故人）の預貯金や有価証券、不動産などの財産を合計した金額から、債務や相続人が負担する葬式費用などを差し引いて**「遺産総額」**を計算します。これに、相続開始前7年（3年から段階的に延長）以内の被相続人から相続人への暦年贈与があれば、その贈与額を遺産総額に加えます。この合計額から❶で計算した基礎控除額を差し引いて**「課税遺産総額」**を算出します。

❸法定相続分による相続税の総額を計算

課税遺産総額を各相続人の**「法定相続分」**に応じて分配し、各相続人の相続分ごとに相続税の速算表を用いて税率を計算します。その税額を合計して**「相続税の総額」**を算出します。

❹実際の相続税額（納税額）を計算

❸で計算した相続税の総額を、各相続人が実際に受け取った割合で、税額を按分《あんぶん》します。そして、各相続人によって控除（1億6000万円の配偶者控除など）または加算（孫やひ孫など二親等以上の人なら2割加算）して、最終的な納税額を計算します。

相続税は基礎控除額が大きいため、実際に課税される人は10人に1人程度です。※ちなみに、相続税を課された被相続人1人当たりの課税価格は1億3891万円、税額は1930万円（各人の納付税額の合計）となっています。

相続税の速算表

法定相続分に応ずる金額	税率	控除額
1,000万円以下	10%	－
3,000万円以下	15%	50万円
5,000万円以下	20%	200万円
1億円以下	30%	700万円
2億円以下	40%	1,700万円
3億円以下	45%	2,700万円
6億円以下	50%	4,200万円
6億円超	55%	7,200万円

＊ 2014年12月31日以前に相続した場合の相続税の税率は、上記とは異なる

相続税の計算例

■計算の前提
- 法定相続人…配偶者と子供２人
- 相続財産の総額…２億円
- 配偶者が相続した財産…１億円
- 子供２人が相続した財産…各5,000万円

❶基礎控除額を算出する

3,000万円＋600万円×３人＝4,800万円

❷遺産総額から基礎控除額を差し引き、課税遺産総額を算出する

２億円－4,800万円＝１億5,200万円

❸法定相続分による相続税の総額を計算する

- 配偶者の相続税額
  １億5,200万円×法定相続分 1/2 ×税率 30%－700万円＝1,580万円
- 子供１人当たりの相続税額
  １億5,200万円×法定相続分 1/4 ×税率 20%－200万円＝560万円
  ２人分なので1,120万円
- 相続税総額＝配偶者 1,580 万円＋子供２人 1,120万円＝2,700 万円

❹実際の相続税額（納税額）を計算する

- 配偶者…2,700万円×相続割合 1/2 ＝1,300万円＜１億6,000万円なので、納税額は０円（「配偶者の税額軽減」を適用）
- 子供１人ずつの納税額＝2,700万円×相続割合 1/4 ＝675万円

※出典：国税庁『令和５年分 相続税の申告事績の概要』

Q76 相続税が「課税される遺産」はなんですか？

A 現金、預貯金、有価証券、不動産、車、会員権など。死亡保険金や死亡退職金に注意を。

相続税は原則として、被相続人（故人）の遺産（相続財産）を相続や遺贈（遺言で遺産を贈ること）によって取得した場合に課されます。

課税される遺産は、現金、預貯金、有価証券、宝石、土地、家屋をはじめ貸付金、特許権、著作権など、金銭に見積もることができる経済的価値のあるものすべてが対象です。これらを「本来の相続財産」といいます。

また、実質的に相続財産と同じ価値があると見なされ、相続税の対象になる財産もあります。これを「みなし相続財産」といい、以下のものがあります。

- **死亡保険金**……被相続人の死亡によって受け取った死亡保険金のうち、被相続人が負担した保険料に相当する部分の金額
- **死亡退職金**……被相続人の死亡によって遺族が受け取った退職金で、被相続人の死亡後、3年以内に支給が確定した金額
- **生命保険契約に関する権利**……生命保険契約において被相続人が負担した保険料に相当する部分の金額
- **教育資金の贈与、結婚・子育て資金の贈与の特例で非課税となった管理口座の残額の一定額**
- **被相続人から贈与された一定財産**……相続時精算課税による贈与、相続開始前3～7年以内の暦年贈与など

課税される遺産の種類

財産の種類	明細
現金、預貯金	現金、預貯金、小切手など
有価証券	株式、債券、受益証券など
事業（農業）用財産	機械器具などの減価償却資産、商品　など
土地	田、畑、宅地　など
土地の上に存する権利	借地権、地上権、永小作権　など
家屋	家屋および構築物
家庭用動産	家具、自動車　など
その他の財産	立木、未収金、著作権、生命保険に契約に関する権利、定期金に関する権利　など

Q77 相続税が「課税されない遺産」はありますか？

A 墓地・仏壇・仏具、死亡保険金・死亡退職金の一部、国や公益法人に寄付した財産、など。

財産の性質、社会政策上の見地から相続税の課税対象とすることが適当でないものもあります。次のようなものは「非相続財産」として相続財産から除かれます。

●墓地、仏壇、仏具

墓地、墓石、仏壇、仏具、神棚などの仏や神を祭る祭《さい》祀《し》財産は、非課税です。

●死亡保険金、死亡退職金、弔慰《ちょうい》金

「500万円×法定相続人の数」まで非課税です。複数の相続人が受け取った場合は、実際の受取額で按分《あんぶん》した金額が、各相続人の非課税額となります。

●弔慰金

前記の弔慰金とは別枠で、業務上の死亡の場合は「被相続人の死亡時の普通月額給与×3年分」、業務以外の死亡の場合は「被相続人の死亡時の普通月額給与×6ヵ月分」まで非課税となります。さらに、この非課税枠を超える分は死亡退職金として扱われます。

また、相続開始時に被相続人の債務として確定しているものや葬式費用は、相続税の課税価格を計算するときに控除することができます。

債務控除の対象となるもの

	控除できるもの	控除できないもの
債務	・借入金 ・未払いの医療費 ・被相続人にかかる未払所得税・住民税・固定資産税 ・アパートの預かり敷金　など	・墓地買入未払金 ・保証債務* ・団体信用生命保険付きローン ・遺言執行費用 ・相続にかかわる弁護士・税理士費用　など
葬式費用	・通夜費用 ・本葬・密葬費用 ・葬式前後に生じた出費で通常必要と認められるもの ・死体の捜索、運搬費用　など	・香典返し費用 ・墓石や墓地の取得費 ・法要費用（初七日、四十九日など） ・遺体解剖費用　など

*保証債務の債務控除は、債務の肩代わりが確定していること、連帯保証債務も金額が明らかで弁済が確定していることが必要

Q78 相続税は「いつまでに」「どうやって」納めたらいいですか？

A 原則、相続発生から10ヵ月以内。納税は納付書を金融機関に持参して払うのが一般的。

相続税の課税価額の合計額が基礎控除額（3000万円＋600万円×法定相続人の数）を超えると、遺産（相続財産）を受け取った相続人は「納税義務者」となります。**相続の開始があったことを知った日（通常は被相続人が亡くなった日）の翌日から10ヵ月以内に、被相続人の死亡時の住所地を所轄する税務署長に申告書を提出し、所定の相続税を納付しなければなりません。**中告期限＝納付期限であることを覚えておきましょう。

配偶者の税額軽減制度や小規模宅地等の特例（Q82・83参照）などの適用を受ける場合は、相続税額がゼロでも申告書の提出が必要です。また、相続税の申告期限までに相続財産が分割されていなくても、とりあえず法定相続分として期限内に申告を行わなければなりません。

相続税は相続人それぞれが、原則として一括で納めます。ただ、相続税の申告書を提出しても、税務署から納税通知や納付書が送られてくることはないので、納税者本人が税務署などで、それぞれの納付方法（左の図参照）に適した納付書を入手する必要があります。

相続税の納付方法は金融機関の窓口、クレジットカード、コンビニ、税務署の窓口の4通り。最寄りの金融機関の窓口で、納付する方法が一般的です。

相続税の納付方法

納付方法	必要なもの	領収書
銀行・郵便局の窓口	納付書	あり
クレジットカード※（国税クレジットカードお支払いサイト）	クレジットカード（1度の手続きにつき1,000万円未満、かつ、利用するクレジットカードの決済可能額以下の金額・決済手数料含む）	なし
コンビニ	バーコードつき納付書（利用可能額30万円以下）	振込受領証
税務署窓口	納付書	なし

※クレジットカード払いでは別途、手数料（納付税額1万円ごとに税込99円が加算）がかかる

Q79 相続税が期限までに納められないと、どうなりますか?

A 納税額に加えて延滞税が課されてしまうことに。払えないときは延納や物納の検討を。

相続税の納付期限（相続開始を知った日の翌日から10ヵ月以内）を過ぎてしまうと延滞税が発生します。金銭での一括納付が困難な場合は、分割で納付する**「延納」**、相続財産で納付する**「物納」**という方法がありますが、いずれの場合も申告期限までの手続きが必要です。

相続税を納めないと、納付する期日によって延滞税が2段階で課されます。

❶**納付期限の翌日から2ヵ月を経過する日まで**……「年7・3％」または「延滞税特例基準割合＋1％」のいずれか低い割合

❷**納付期限の翌日から2ヵ月を経過した日以降**……「年14・6％」または「延滞税特例基準割合＋7・3％」のいずれか低い割合

延滞税特例基準割合は「銀行の新規の短期貸出し約定平均金利」に連動して変わるため、相続税の延滞税率も毎年変動します（2025年末までは❶が2・4％、❷が8・7％）。

こうした延滞税をさけるためには、納付が困難な場合はまず延納を検討し、それも難しければ、物納を検討する必要があります。

物納できる財産は、相続で受け取った国内財産に限られ、物納に充てられる順番も定められています。

なお、延納が認められるのは相続税額が10万円を超える場合で、担保が必要な場合もあります。この場合は相続財産に占める不動産などの割合により利子税がかかります。

また、延納が困難となった場合には、申告期限から10年以内に限り、分納期限が未到来の税額部分について、延納から物納への変更を行うこと（特定物納）ができます。

Q80 遺産分割協議がまとまらずに納税できないときは、どうしたらいいですか？

A 期限内に、法定相続分で取得したとして仮に計算して申告を行う。放置するのは厳禁。

相続税の申告は、遺産分割協議がまとまらなくても期限（相続開始を知った日の翌日から10ヵ月以内）までに行わなければなりません。相続財産が分割されていない場合には、各相続人などが民法に規定する法定相続分の割合に従って、財産を取得したものとして相続税を計算し、相続税の申告と納税を行う必要があります。

その後、実際に相続財産を分割します。そして、実際の分割に基づいて計算した税額と当初の申告した税額とが異なっていた場合には、「修正申告」または「更正の請求」をします。

期限内に申告しないと延滞税が課され、負担が増えるだけです。放置することだけは絶対にやめましょう。

Q81 税負担が軽くなる「相続税の軽減制度」がいくつかあるとは本当ですか？

A 本当。代表的な制度として配偶者の税額軽減と小規模宅地等の特例があり節税効果大。

相続税の軽減制度の代表が、被相続人（故人）の配偶者は課税価格が1億6000万円まで非課税になる「相続税の税額軽減措置」です。

また、相続または遺贈により取得した宅地などが、被相続人の居住用、事業用、不動産貸付用に供されていた場合、それらのうち一定面積について一定割合（80％または50％）を減額できる「小規模宅地等の特例」もあります（Q82参照）。

ただし、これらの適用を受ける場合は、相続税額がゼロであっても申告書の提出が必要です。また、相続税の申告期限までに相続財産の分割ができていない場合でも、期限内に申告を行わなければなりません。

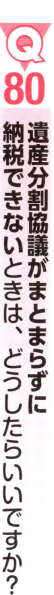

Q82 「小規模宅地等の特例」を使うと、どんなメリットがありますか？

A 特例を使える配偶者が自宅を相続すると遺産総額が減るため他の相続人の税額も軽減。

「小規模宅地等の特例」とは、相続時に土地の評価額が最大80％減額される特例です。 地価の高い都市部では、この特例を受けると相続税額が大幅に変わる可能性があります。**対象は次の4つに分類され、それぞれに限度面積と減額割合が定められています**（左ページの図参照）。

❶特定居住用宅地、❷特定事業用宅地（被相続人〈故人〉が個人事業〈貸付用を除く〉として使っていた宅地）、❸貸付事業用宅地（被相続人が貸地や貸家など貸付用としていた宅地）、❹特定同族会社事業用宅地（被相続人が同族会社として使っていた宅地）。

この特例を利用するには、一定の適用条件を満たす必要があります。 例えば、❶の特定居住用宅地は、被相続人が自宅として使用していた宅地が対象で、被相続人の配偶者、または相続発生時に同居していた親族が、相続税の申告期限（相続後10ヵ月）まで引き続きその宅地を所有し、住みつづけていた場合です。

ただし、被相続人に配偶者も同居する相続人もいない場合に限り、一定の親族もこの特例の適用を受けられます（相続開始前3年間に持ち家に住んだことがなく、相続した宅地を相続開始後10ヵ月間所有しつづけ、相続開始時に居住している家屋をこれまで一度も所有したことがない親族など）。**❶の特定居住用宅地は、配偶者が相続した場合、すぐに処分しても引っ越しても、特例の適用が受けられます。相続財産の総額を減らす効果もあるので、ほかの相続人の相続税額も減らすことができます。**

❷と❸について特例の適用を受けるには、申告期限まで保有し、かつ事業を続けることが必要となります。また、❶と❷の両方を所有している場合は、適用の限度面積があり（特定事業用宅地・400平方メートルまで。特定居住用宅地・330平方メートルまで）、両者を合算して最大730平方メートルまで80％減の特例の適用を受けられます。なお、❸との併用の場合は調整計算が必要です。

小規模宅地等の特例とは

●**小規模宅地等の特例**

居住中の土地・建物を相続したにもかかわらず、相続税が払えずに手放してしまうことをさける制度。土地の評価額を最大80%減額できる。

❶特定居住用宅地

【主な適用条件】 ＊次のいずれか1つ
- 被相続人の配偶者または被相続人と同居していた人が土地を相続
- 被相続人に配偶者も同居人もいない場合、3年間借家住まいの相続人が取得

【減額率と適用面積】
- 減額率は80%、適用面積は330平方メートル

❷特定事業用宅地

【主な適用条件】
- 相続開始前からその土地で事業を行っている
- 相続税の申告終了（申告期限の10ヵ月間）まで事業用の土地として使い、その法人の役員（株式等を50%所有）であること

【減額率と適用面積】
- 減額は80%、適用限度面積は400平方メートル

❸貸付事業用宅地

【主な適用条件】
- 相続開始前から土地の貸付を行っている
- 相続税の申告終了（申告期限の10ヵ月間）まで貸付を行っている

【減額率と適用面積】
- 減額は50%、適用限度面積は200平方メートル

❹特定同族会社事業用宅地

【主な適用条件】
- 相続開始前からその土地で事業を行っている

【減額率と適用面積】
- 減額は50%、適用限度面積は200平方メートル

Q83 「配偶者の税額軽減」を使って相続すると「1億6000万円まで無税」とは本当ですか？

A 本当。最低でも1億6000万円まで無税で、この額を大幅に超えるケースもあり得る。

税法では、「配偶者の相続財産が『法定相続分』または『1億6000万円』のどちらか多い金額までは、配偶者の負担すべき相続税額が免除される」という「配偶者の税額軽減」の措置が定められています。そのため、遺産（相続財産）の課税価格が1億6000万円以下なら、配偶者がすべての相続財産を相続しても、相続税の実質的な負担はゼロになります。

ただし、配偶者の税額軽減の適用を受けるためには、次のような条件があります。

❶戸籍上の配偶者であること

婚姻期間の長短を問わず、「戸籍上の配偶者であること。いわゆる内縁関係では、認められません。

配偶者の税額軽減の効果

配偶者が取得した財産のうち、①と②のいずれか小さい金額には相続税が課税されない

① Ⓐ1億6,000万円
Ⓑ相続税の課税価格×配偶者の法定相続分
ⒶⒷのいずれか大きい金額
② 配偶者の課税価格

❷配偶者が相続する財産を確定すること

配偶者が取得する財産を確定する必要があります。配偶者の税額軽減の額は、配偶者が実際に受け取った遺産の額に基づいて計算することになっているからです。

このため、相続税の申告期限（相続発生を知った日の翌日から10ヵ月以内）までに遺産分割が完了している必要があります。ただし、相続税の申告期限までに分割が間に合わない場合でも、申告書に「申告期限後3年以内の分割見込書」を添付して提出すれば、この適用が可能となります。

❸相続税の申告書を税務署に提出すること

配偶者の税額軽減を適用した結果、相続税の税額がゼロになったとしても、相続税の申告書は税務署に提出する必要があります。

相続税の申告期限までに遺産分割協議が整わない場合には、「未分割」として申告しておきます。この場合には配偶者の税額軽減を適用できないため、配偶者はいったん相続税を納付しなければなりません。しかし、申告期限から3年以内に遺産分割が整い、配偶者の相続する財産が確定すれば、申告をやり直すことができます（「更正の請求」または「修正申告」）。これにより配偶者の税額軽減の適用を受けることができれば、税金の還付を受けられます。

ただし、一次相続で配偶者が多額の遺産を相続してしまうと、配偶者の財産を子供が相続する二次相続において、相続税の負担が大きくなる可能性があります。つまり、二次相続のことを考えると、一次相続で配偶者の税軽減を目一杯まで使わないほうが有利になるケースも起こり得るのです。

一次相続では、配偶者は相続税の評価額が下がる財産（自宅など）、生前贈与や納税資金対策に活用しやすい現金などを多めに相続するといいでしょう。このようにすることが、二次相続対策となります。

Q84 相続税の「申告書」の作成は、どう行いますか？

A 国税庁のホームページからフォーマットをダウンロードすれば、作成するのは意外と簡単。

相続税の申告書は、最寄りの税務署に出向けば手に入ります。また、国税庁のホームページからダウンロードできます。

第1表から第15表までありますが、すべてを書くわけではなく、相続する財産や適用する特例によって記入する書類が異なります。

申告書記入の流れ

ステップ1

最初に相続する財産をすべて把握してから、申告書の第9～15表を記入

第9表：生命保険金などについて
第10表：退職手当金などについて
第11表の付表：小規模宅地等の特例、特定計画山林の特例などについて
第11の2表：相続時精算課税適用財産について
第11表：相続税がかかる財産について
第12表：農地の納税猶予適用などについて
第13表：債務葬式費用などについて
第14表：暦年課税分、相続開始前3年以内の贈与財産などについて
第15表：相続財産の種類別価額表などについて

ステップ2

ステップ1で相続財産をすべて記入、金額や評価額を算出できたら、主に第1～2表を使い、相続税を計算する

第1表：課税価格、相続税額について
第2表：相続税の総額について
第3表：農業を営む相続人がいる場合について

ステップ3

控除を計算して最終的な相続税を算出

第4表：相続税の加算金額の計算書について
第4表の2：暦年課税分の贈与税額控除額の計算書
第5表：配偶者の税額軽減について
第6表：未成年者控除・障害者控除について
第7表：相次相続控除について
第8表：外国税額控除などについて

ステップに従って書き込むといい

第1表は相続税申告書全体の「まとめ」のような役割であるため、番号順に第1表から書きはじめるのではなく、「第9表～第15表」から書きはじめると効率よく作成できます。以下、申告書を書き込む手順を、ステップ別に説明しましょう。

ステップ❶……現金や保険金、土地家屋など種類別の相続財産の内容と評価額をすべて把握して申告書の第9表～第15表に記入する

ステップ❷……ステップ❶で記入した内容から、第1表～第3表で相続税額を計算する

ステップ❸……第4表～第8表に記入し、控除を差し引いて最終的な相続税を算出する

書き方がわからないときは、国税庁のホームページの「相続税の申告書の記載例」を参考にするといいでしょう。特例の内容や適用要件については、同じく国税庁のホームページからダウンロードできるチェックシートを使うと便利です。また、相続税の申告は「e-Tax《イータックス》」で行うこともできます。

Q85 相続税の申告のさいに、申告書につけて提出する必要書類はなんですか？

A 相続人の確定に必要な書類と、遺産の確定に必要な書類に分けて考えると覚えやすい。

相続の添付書類は、相続人や被相続人（故人）を確定する「**身分証明関連の書類**」と、「**遺産（相続財産）を確定するための書類**」の2つに分けて考えると理解しやすくなります。

身分証明関連の書類は、被相続人の戸籍謄本や住民票の除票、相続人全員の戸籍謄本や住民票、印鑑証明書などです。遺産を確定するための書類は、預貯金の残高証明書や土地・建物の全部事項証明書など、遺産によってそれぞれ異なります（左ページの表参照）。

葬儀費用や債務を控除するための書類、小規模宅地等の特例（Q82参照）などを受けるための書類も、必要に応じて用意しましょう。

相続税の申告に必要な書類のチェックリスト

内容		添付する書類名	チェック
身分証明関係		被相続人の出生から死亡までの連続した戸籍謄本	
		被相続人の住民票の除票	
		被相続人の死亡診断書	
		被相続人の略歴	
		全相続人の戸籍謄本または法定相続情報一覧図 （この間柄が実子または養子がわかるように記載されているもの）	
		全相続人のマイナンバーカード（または通知カード・住民票）	
		全相続人の印鑑証明書	
財産関係	預貯金	残高証明書	
		既経過利息計算書（定期預金などの場合）	
		過去の通帳コピー（被相続人、家族全員）	
	土地	全部事項証明書	
		固定資産税評価証明書	
		地積測量図または公図の写し	
		実測図	
		賃貸借契約書（貸地の場合）	
	建物	全部事項証明書	
		固定資産税評価証明書	
		間取り図	
		賃貸借契約書（貸家の場合）	
	上場株式	上場株式、公社債、投資信託等の残高証明書	
		家族全員の取引明細（直近５年間分）	
		配当金通知書	
	非上場株式	法人決算書・申告書（直近３期分）	
		株主名簿（直近５年間分）	
		法人所有の土地建物の固定資産評価証明書	
	その他	生命保険金の支払通知書	
		退職金の支払通知書	
		現金、家財、電話加入権、貴金属、絵画骨董等の明細	
		ゴルフ会員権等の証書の写し	
		未収給与、年金等の明細	
		死亡前の被相続人からの贈与にかかる申告書、契約書	
葬儀費用・債務・その他		葬儀費用の領収書・葬儀の香典帳・葬儀の諸経費控帳	
		金銭消費貸借契約書・残高証明書・未払金の請求書	
		遺言書・遺産分割協議書	

＊小規模宅地等の特例などの特例を受ける場合には別途、書類が必要

Q86 相続税の「税務調査」は必ず行われますか？調査官がきたら、どう対応しますか？

A 申告後1～3年ほどたってから約20％の確率で行われ、調査の連絡があったら対応を。

「税務調査」とは、納税者の申告内容に誤りがないか、税務署が確認する調査手続きのことをいいます。そのため、きちんと相続税申告をしていたとしても税務調査が入ることがあります。

税務調査には「任意調査」と「強制調査」があり、一般的に行われるのは任意調査です。

任意調査の場合は、事前に税務署から調査をする旨の連絡が入ることになっていて、急に調査にくることはありません。税務職員からの質問や要請に応じ、貴重品などの保管場所を示し、通帳の内容を確認するなどしておけばスムーズに終わります。

強制調査は、脱税が疑われる納税者に対して裁判所の令状によって調査され、国税局査察部が担当します。強制調査は拒否できず、納税に関する資料を押収する権限を持っています。

相続税の税務調査は、相続税の申告書を提出した1～2年後の、8～11月頃に行われることが多いとされています。3年め以降に行われることも皆無ではありませんが、年数がたつほど調査される確率は減少します。

相続税の法定申告期限から5年が経過すると相続税の除斥《じょせき》（時効）を迎えるため、それ以降に税務調査が行われることはありません。ただし、相続財産隠しなどの不正行為や悪質な脱税などが発覚した場合には、7年後まで延長されます。

相続税の税務調査は、税務署員が自宅などに直接来訪する**「実地調査」**と、電話や文書で調査する**「簡易な接触」**に大別されます。**これらの調査を合計すると、相続税の申告をした人のおよそ2割が税務調査を受けていると見られています。**

Q 87 税務調査で「申告もれ」「間違い」が見つかると、どうなりますか？

A **税務調査で追徴課税される人は90％近い。追加で加算税や延滞税などが課されることに。**

本来、税金は特定の計算方法に基づき、算出された金額を納付します。そのため、相続税の申告などで遺産の見落としや計算の間違いに気づいたら、改めて相続税額を算出して修正申告などを行って、できるだけ早く差額を納付しましょう。

税務調査などにより、本来納めるべき税金を正しく納付できていないことが明らかになると、追徴課税として不足分を納付しなければならないうえに、ペナルティが課されます。正しい申告と納付が遅くなればなるほど追徴課税額が増え、トータルの納税額が大きく増加してしまいます。**申告もれや無申告による追徴課税には、次のような種類があります。**

●**過少申告加算税**（税率10～15％）

申告期限内に提出した申告書に記載した相続税額が不足していた場合に課されます。

●**無申告加算税**（税率15～30％）

相続税の申告義務があるのに、正当な理由なく申告期限までに申告しなかった場合に課されます。

●**重加算税**（無申告加算や過少申告加算税に加えて税率35～40％）

課税対象の財産を意図的に隠すなど、悪意を持って不正だと判断された場合に課されます。

●**延滞税**（税率7・3％。期限の2ヵ月後以降は14・6％）

期限までに相続税の納付がなされない場合、利息に相当する税金が課されます。延滞税には2段階あり、納期限の翌日から2ヵ月を経過するまでは7・3％、2ヵ月以上遅れると14・6％と高くなります（市中金利の実勢を踏まえて延滞税の水準の引き下げを実施。Q79参照）。

なお、**税務調査で指摘される前に自主的に期限後申告をした場合は、指摘されてから申告した場合よりも無申告加算税の税率が低くなります。相続税の申告もれに気づいたときは、一刻も早く修正申告を行いましょう。**

Q88 税務調査で「申告しなかったタンス預金は必ずばれる」とは本当ですか？

A かなりの高確率でばれてしまう。違法の脱税行為なので、調査官はあらゆる手段で調査。

税務署は高い調査力と独自の情報管理網を有しており、タンス預金に限らず、相続税の申告もれは発覚する可能性が極めて高いといえるでしょう。

相続税の申告もれが発覚する理由の1つに、「国税総合管理（KSK）システム」の存在があります。全国の国税局や税務署を結び、納税者の過去の情報を一元的に管理しているコンピュータシステムのことです。

例えば、相続が発生して市区町村役場に被相続人（故人）の死亡届が提出されると、その情報は税務署に通知され、被相続人が土地や家屋を所有した場合には、その内容や評価額も通知されます。

このように税務署では、KSKシステムによって被相続人の財産状況や生前の所得を調べることができます。つまり、多額の財産があるにもかかわらず相続税の申告書が提出されていない、申告されたとしても過少申告が疑われるといった場合には、税務調査の対象になる可能性があるのです。

また、土地や建物などの不動産を相続した人は、名義変更のために相続登記を行いますが、この情報もすべて法務局から税務署に伝えられます。

同じように、被相続人が契約した生命保険の保険金が生命保険会社から受取人に支払われると、生命保険会社から受取人に支払調書が送られます。被相続人の有価証券を相続した相続人が売却すると、証券会社から取引報告書が提出されます。

税務署は、お金の動きを見逃しません。タンス預金も同様です。遺産調査でタンス預金を見つけたら、必ず遺産（相続財産）に含めて相続税を計算し、相続税が発生した場合は正しく申告・納税を行いましょう。

第7章

生前対策編❶

相続税が節約できる「生前贈与」と「手続き」についての疑問12

▶Q89～100◀

回答者

山本宏税理士事務所所長 税理士
山本《やまもと》 宏《ひろし》
山本文枝税理士事務所所長 税理士
山本《やまもと》文枝《ふみえ》

生前贈与の相手は孫がおすすめ！上手に行えば相続税が大幅に軽減する

暦年贈与も
おすすめじゃ
相続開始前
3年間(※)の
贈与を除いて
持戻しの
対象外となり
孫への暦年贈与の
場合はすべて
持戻しの
対象外になる
※ 2026年
12月末までの
相続の場合
相続時精算課税と
いう選択肢《し》もある
基礎控除110万円が
新設されたから
年間110万円
以内の贈与は
相続税の
対象外となる
でも
それを選ぶと
暦年贈与が
できないそうだ
よく検討しなきゃ
配偶者への
自宅の贈与も
持戻しの対象から
除外される!
ただし妻には
1億6000万円の
配偶者控除があるから
あえて贈与する
必要はないじゃろう
この家は
1億円の
資産価値がある
お前が相続
したほうが
いいかも……
そう遺言書に
書いてね
生命保険の
活用も有効じゃ!
相続人が受け取った
死亡保険金は原則
持戻しにならん
オレが
保険料を
払えば
その分
相続財産が
減る
相続税も
かからないし
一石二鳥ね
すてき!
ただし
暦年贈与を
するさいは
保険料も
加えて
110万円を
超えると
贈与税がかかる
から注意が
必要じゃ
こんちはー
じいちゃん
小遣いくれ
バーン
おう
わが孫よ
もっと
すごいもの
をやるぞ
なんか
こわいん
ですけど

Q89 そもそも「生前贈与」とは何？よく相続対策に使われるのはなぜですか？

A 生きているうちに財産を贈与すること。財産の贈与で遺産が減ると相続税も減ることに。

被相続人（故人）が生きているうちに家族や親族などへ財産を譲ることを「生前贈与」といいます。生前贈与を行うのは、主に相続税を節税するためです。

通常、相続財産の総額が基礎控除額（3000万円＋600万円×法定相続人の数）を超えると、相続人に相続税が課せられます。そのため、被相続人は相続人の税負担に配慮し、生前に資産の一部を贈与することで課税対象となる相続財産を減らそうとするわけです。

とはいえ、すべての財産を贈与で移転する行為がまかり通ってしまうと相続税は成り立ちません。国にとって相続税は重要な収入源なのです。そこで、過度な贈与を抑制するため、贈与した財産に対して相続税の税率よりも高い税率の贈与税が課されることになっています。

これまで生前贈与は、年間110万円の贈与税の基礎控除を利用した暦年贈与、特例で非課税になる住宅資金や教育資金の贈与が主流でした。しかし、相続人への多額の贈与は相続財産に持ち戻されます。さらに、暦年贈与も相続開始前3年（2027年1月1日以降は3年超〜7年）以内の贈与は持戻しとなるので要注意です。

生前贈与のメリット・デメリット

メリット	◉相続財産を減らして相続税を節税できる（相続人でない孫への贈与が効果大） ◉法定相続人以外にも財産を譲れる ◉贈与者の意思を関係者に直接伝えることで相続トラブルを防げる ◉贈与税が非課税となる特例が多い ◉暦年贈与なら年間110万円まで贈与税が非課税になる ◉相続時精算課税制度なら年間110万円に加え、総額2,500万円まで贈与税が非課税になる
デメリット	◉基礎控除を超えると贈与税が課される ◉控除額を超える贈与には高率の贈与税がかかる ◉相続開始前３年（2027 年１月以降は３年超～７年）以内に行った暦年贈与は相続税の課税対象になる

Q 90 贈与税が非課税となる「生前贈与」には、どんな方法がありますか？

A 子供への生活費・教育費の贈与、年間１１０万円以下の贈与など、８つの方法がある。

贈与税は税率の高い税金ですが、要件を満たすことで一定の金額まで非課税になる制度がいくつか設けられています。具体的には、❶「子供や孫への生活費の贈与」、❷「年間１１０万円以下の贈与（暦年贈与）」、❸「配偶者への自宅の贈与（おしどり贈与）」、❹「相続時精算課税制度」、❺「住宅取得等資金の贈与」、❻「教育資金の贈与」、❼「結婚・子育て資金の贈与」、❽「障害者への贈与」の８つです。それぞれについて説明しましょう。

❶子供や孫への生活費の贈与

日々の生活費は社会通念上「相当」と認められる扶養《ふよう》の範囲であれば非課税です。この相当範囲の生活費なら、暦年贈与の非課税枠である年間１１０万円を超えても贈与税はかかりません。

❷年間１１０万円以下の贈与（暦年贈与）

暦年贈与を選択すると、毎年（1月1日から12月31日）、年間１１０万円までの贈与が非課税になります。

❸配偶者への自宅の贈与（おしどり贈与）

婚姻期間が20年を超えた夫婦間の贈与で、居住用の不動産の贈与やその取得資金の贈与であり、贈与された後も住みつづけるなどの条件を満たせば、同じ配偶者間で一生に1回だけ、２０００万円（基礎控除と合わせて２１１０万円）まで非課税となります。

❹相続時精算課税制度

60歳以上の直系尊属（父母や祖父母）から18歳以上の子供や孫への贈与は1人につき年間１１０万円の基礎控除に加え、総額２５００万円（基礎控除を超過した分）まで非課税です。

同じく直系尊属から子供や孫への贈与について一定の要件を満たせば、**❺住宅取得等資金は**１０００万円（２０２６年12月まで）、**❻教育資金は**１５００万円（２０２６年3月まで）、**❼結婚・子育て資金は**１０００万円までの贈与が非課税になります（２０２７年3月まで）。

❽障害者への贈与

特別障害者（精神または身体に法令で定められた重度の障害がある人）などの直系尊属が、特別障害者の扶養に関する費用を信託した場合は、6000万円（特別障害者以外の特定障害者は3000万円）まで非課税になります。

特別障害者を具体的にいうと、重度の知的障害者、障害等級1級の精神障害者、障害の程度が1級または2級の身体障害者などのことです。

この非課税制度の適用を受けるためには、贈与者が財産を信託するさいに「障害者非課税信託申告書」を、信託会社を通じて所轄税務署長に提出する必要があります。

相続税がかからない贈与

贈与の内容	贈与者（贈与する人）	受贈者（贈与を受ける人）	非課税限度額	備考
❶生活費・教育費	扶養者（父など）	被扶養者（子供など）	—	社会通念上妥当な金額の範囲内
❷暦年贈与	誰でも	誰でも	年間110万円	左の限度額は1年間(1月～12月)の贈与
❸配偶者への住宅の贈与（おしどり贈与）	婚姻期間20年以上の夫婦		2,000万円	基礎控除を含めると2,110万円まで非課税
❹相続時精算課税制度	直系尊属（60歳以上）	18歳以上の子供や孫	年間110万円、超過分の総額2,500万円	2,500万円を超えると一律20％課税
❺住宅取得等資金	直系尊属	18歳以上の子供や孫	1,000万円	制度の期限は2026年12月31日まで
❻教育資金	直系尊属	30歳未満の子供や孫	1,500万円	制度の期限は2026年3月31日まで
❼結婚・子育て資金	直系尊属	18歳以上50歳未満の子供や孫	1,000万円	制度の期限は2027年3月31日まで
❽障害者への贈与	直系尊属	特別障害者　6,000万円 特定障害者　3,000万円		障害者非課税信託申告書の提出が必要

Q91 「配偶者への自宅の贈与」は、いくらまで贈与税が非課税となりますか？

A 夫婦間で行われた自宅などの贈与が2110万円（基礎控除を含む）まで非課税になる。

被相続人（故人）の配偶者（妻または夫）は、相続で住居を失うことがあります。その場合に配偶者が住居に困らないように、いくつかの制度が設けられています。

その1つが「配偶者への自宅の贈与」（正式には「夫婦の間で居住用の不動産を贈与したときの配偶者控除」。通称・おしどり贈与）です。これは、婚姻期間が20年以上の夫婦で、居住用不動産（自宅など）を贈与したり、新たに取得するために金銭の贈与が行われたりした場合に、所轄の税務署へ申告することによって、最高2000万円まで贈与税が非課税になる制度です。基礎控除の110万円を加えて、合計2110万円までの控除を受けることができます。

この制度の注意点は、自宅（または取得資金）の贈与を受けた配偶者がそこに住み、引き続き住む見込みでなければならず、実質的には自宅に限定されることです。

自宅のほかに所有している居住用不動産（投資用の賃貸マンションなど）を贈与した場合、そこに受贈者である配偶者が居住せず、今後も住む見込みがないときには、おしどり贈与の控除は受けられません。

自宅を贈与したときの配偶者控除

● 夫（所有者）が自宅を妻に贈与する場合

基礎控除110万円 ＋ 最大2,000万円が非課税

● 夫が妻に自宅の取得資金を贈与する場合

基礎控除110万円 ＋ 最大2,000万円が非課税

＊ 自宅の贈与、または自宅の取得資金の贈与を受けた配偶者が、そこに住み、引き続き住む見込みであることが要件

Q92 妻に自宅を贈与する場合、自宅を相続で譲るのと比べて有利ですか？

A 相続したほうが税金面では有利に。ただし、預貯金の相続分を減らされることがある。

配偶者が自宅を相続する場合、「配偶者の税額軽減」によって1億6000万円、または配偶者の法定相続分（1億6000万円を超える場合もある）が非課税になります。これは自宅だけでなく、預貯金、株式、債券などの相続する遺産の総額に対する控除額です。1億6000万円まで控除されるので、相続で自宅を引き継ぐほうが、生前に自宅の贈与を受ける「おしどり贈与」（Q91参照）よりも税金面では有利になります。

なお、配偶者の税額軽減を受けるには、法律上の婚姻関係にある配偶者であること、相続税の申告を行っていること、遺産（相続財産）の分割方法が決まっていることなどの要件を満たす必要があります（下の図参照）。

注意点は、相続で自宅を引き継ぐと預貯金などの相続分が減らされかねないことです。2020年4月1日から「配偶者居住権」（所有権ではなく配偶者が居住する権利）が認められ、自宅を相続しなくても住みつづけられるようになりました（預貯金などの相続分を増やせる）。とはいえ、自宅を売却して遺産分割することになると住めなくなるので、おしどり贈与のほうがいいケースもあります。

相続税の配偶者控除

● 妻が亡くなった夫から自宅を相続する場合

1億6,000万円、
または**配偶者の法定相続分**が非課税※

※自宅だけでなく相続する財産の総額に対する控除額

● 相続税の配偶者控除を受けるための要件

❶ **法律上の婚姻関係**にある配偶者であること
（役所に婚姻届を提出している）

❷ **相続税の申告**を行っていること
（死後10ヵ月以内に税務署へ申告する）

❸ **遺産の分割方法**が決まっていること
（遺言に従うか、遺産分割協議で決める）

Q93 「教育資金の一括贈与の特例」は、いくらまで贈与税が非課税となりますか？

A **教育資金を贈与する子供や孫が30歳未満なら、最大1500万円まで非課税になる。**

父母や祖父母などの直系尊属（贈与者）が、子供や孫（受贈者）へ教育資金を1500万円（受贈者1人当たり）まで非課税で一括贈与できる制度があります。それが、「教育資金の一括贈与の特例」（正式には「祖父母などから教育資金の一括贈与を受けた場合の贈与税の非課税制度」）です。この制度は、贈与者が受贈者に直接現金を渡すのではなく、信託銀行などの金融機関に教育資金口座を開設し、贈与者が入金した現金を受贈者が引き出す仕組みになっています（くわしくはQ94参照）。

非課税になるのは学校関連（主に入学金や授業料など）の費用だけでなく、学習塾やスポーツ教室など習い事の費用も500万円まで認められています。

最大1500万円の教育資金の贈与が非課税になるのは大きなメリットですが、この特例は制限事項が多いので注意しなければなりません（下の図参照）。

教育資金の一括贈与の特例

● 祖父が孫に教育資金を一括贈与する場合

教育資金を一括贈与する場合、
最大1,500万円まで非課税※2

※1・信託銀行などに教育資金口座を開設。贈与者が入金し、受贈者が引き出す
※2・2026年3月31日までの時限措置（2024年4月1日現在）

● **注意点**

1. 受贈者が一定の年齢になると非課税が終了
2. 塾などの教育資金は500万円まで非課税
3. 贈与者が亡くなると契約が終了し、口座の残高が相続財産に加算される
4. 受贈者の所得が1,000万円超だと利用不可

まず、この制度は原則として契約開始から受贈者が30歳を迎えるまでの間に支払われた教育資金を非課税の対象としていることです。契約終了の時点で教育資金口座に残高があったり、教育資金以外のこと（遊興など）に

支払ったりした場合、それらの合計額は非課税とならず贈与税がかかります。

さらに、一括贈与の契約が有効なのは、贈与者が生きている間です。受贈者が23歳以上、あるいは学校に在学していない、教育訓練（教育訓練給付金の支給対象）を受けていない状況で贈与者が亡くなると契約は終了し、死亡時点の口座の残高は相続財産に加算されます（相続税の課税対象となる）。しかも受贈者が孫の場合、一括贈与によって取得した資金の部分については相続税額が2割加算の対象となります。

ちなみに、契約が終了するほかの事由として、受贈者が30歳に達したとき（学校に在学している場合は最長で40歳に達したとき）、口座の残高がゼロになったとき、受贈者が死亡したときなどがあります。

教育資金の一括贈与の特例は２０２３年3月31日に終了する予定でしたが、税制改正によって２０２６年3月31日まで延長されました。今後さらに期間が延長されるかどうかは未定です。子供や孫にまとまった教育資金を贈与したいと考えている場合には、早めに利用を検討したほうがいいでしょう。

Q94 教育資金の一括贈与の特例を利用するには、どんな手続きが必要ですか？

A 贈与契約書の締結、教育資金口座の開設、教育資金非課税申告書の提出などが必要。

「教育資金の一括贈与の特例」を利用するためには、いくつかの手続きが必要です。

まず、贈与者（父母や祖父母）と受贈者（子供や孫）の間で「贈与契約書」を交わします。次に、受贈者が金融機関で専用口座（教育資金口座）を開設します。このとき、贈与者は専用口座を開設する金融機関に「教育資金非課税申告書」を提出します。この申告書は、贈与税を非課税にするために必要な書類で、金融機関を経由して税務署に送られます。

そのうえで、贈与者は教育資金を専用口座に一括で入金します。受贈者が資金を引き出すときには、そのつど金融機関に払出請求の手続きが必要になります。

Q95 「結婚・子育て資金の一括贈与の特例」は、いくらまで贈与税が非課税となりますか？

A 結婚・子育て資金を贈与する子供や孫1人につき最大1000万円まで非課税になる。

父母や祖父母などの直系尊属（贈与者）は、子供や孫（受贈者）の結婚や子育てに必要な資金を、受贈者1人当たり最大1000万円まで非課税でまとめて贈与することができます。これを「結婚・子育て資金の一括贈与の特例」（正式には「父母などから結婚・子育て資金の一括贈与を受けた場合の贈与税の非課税制度」）といいます。

この制度は、贈与者が信託銀行などの金融機関に「結婚・子育て資金口座」を開設して資金を入金し、受贈者が引き出して使う仕組みになっています。

対象となる受贈者は、18歳以上50歳未満の子供や孫です（受贈者の所得が1000万円を超える場合は利用できない）。受贈者が50歳に達したり、口座の残高がゼロになったり、受贈者が死亡したりすると契約は終了します。50歳を超えて契約を延長することはできません。

結婚・子育て資金の一括贈与の特例は、非課税の対象が「結婚資金」と「子育て資金」に大きく分かれます。

まず、結婚資金で非課税になるのは、挙式費用や披露《ひろう》宴《えん》費用（婚姻の日から1年前の日以後に支払われるもの）、新居費用、転居費用です。それ以外の婚活費用、結納

結婚・子育て資金の一括贈与の特例

● 母が娘に結婚・子育て資金を一括贈与する場合

結婚・子育て資金を一括贈与する場合、**最大1,000万円**まで非課税※2

※1. 信託銀行などに教育資金口座を開設し、贈与者が入金、受贈者が引き出す

※2. 2027年3月31日までの時限措置（2024年4月1日現在）

注意点

1. 受贈者が18歳以上50歳未満であること
2. 結婚資金は300万円まで非課税
3. 贈与者が亡くなると契約が終了し、口座の残高が相続財産に加算される
4. 受贈者の所得が1,000万円超だと利用不可

金、指輪の購入費、新婚旅行代は非課税になりません。

次に、子育て資金で非課税になるのは、不妊治療にかかる費用、出産にかかる費用、未就学児の医療費、予防接種代、幼稚園や保育園などの保育料です。子育て資金を使えるのは小学校就学前までなので、就学後の医療費や学費などは対象となりません。

結婚資金、子育て資金には非課税の限度額があります。結婚資金は最大300万円まで。一方、子育て資金は、結婚資金に充てた資金がなければ、最大1000万円まで非課税にできます。

結婚・子育て資金の一括贈与の特例は、Q93の教育資金の一括贈与の特例に似ており、贈与者が亡くなると契約が終了し、死亡時点の口座の残高は相続財産に加算されます（相続税の対象となる）。また、50歳に達した日に口座に残高があれば、贈与税の課税対象となります。

この制度は2025年3月31日に終了する予定でしたが、税制改正で適用期限の2年延長（2027年3月31日まで）が決まりました。今後さらに期間が延長されるかどうかは未定です。利用を希望する人は早めに手続きを行ってください（Q96参照）。

Q96 結婚・子育て資金の一括贈与の特例を利用するには、どんな手続きが必要ですか？

A 贈与契約書の締結、専用口座の開設、結婚・子育て資金非課税申告書の提出などが必要。

「結婚・子育て資金の一括贈与の特例」の手続きの流れは、Q93の教育資金の一括贈与の特例と同様です。

まず、贈与者（父母や祖父母）と受贈者（子供や孫）の間で「贈与契約書」を交わします。次に、受贈者が金融機関で専用口座（結婚・子育て資金口座）を開設します。

このとき、贈与者は専用口座を開設する金融機関に「結婚・子育て資金非課税申告書」を提出します。この申告書は、贈与税を非課税にするために必要な書類で、金融機関を経由して税務署に送られます。

そのうえで、贈与者は結婚・子育て資金を専用口座に一括で入金します。受贈者が資金を引き出すときには、そのつど金融機関で払出請求の手続きが必要になります。

Q97 「住宅取得等資金の贈与の特例」は、いくらまで贈与税が非課税となりますか？

A 家の購入・リフォーム資金を贈与する子供や孫1人につき最大1000万円まで非課税。

父母や祖父母などの直系尊属（贈与者）から現金の贈与を受け、自宅の新築・購入、増改築に充てた子供や孫（受贈者）は、一定の要件を満たすことで最大1000万円まで非課税となります。これを「住宅取得等資金の贈与の特例」（正式には「直系尊属から住宅取得等資金の贈与を受けた場合の贈与税の非課税」）といいます。

この特例を利用するための要件は、下の図のとおり。ポイントは、新築住宅・中古住宅ともに耐震性能の高さが求められることです。特に、中古住宅の場合は新耐震基準（1981年6月1日から施行された耐震基準。震度6強～7でも倒壊しない）に適合していないこともあるので注意しなければなりません。

住宅取得等資金の贈与の特例は時限的な措置ですが、これまでに何度も税制改正で延長されており、現状では2026年12月31日まで利用可能です。

住宅取得等資金の贈与の特例

非課税枠	●良質な住宅……1,000万円 ①省エネルギー性の高い住宅 ②耐震性の高い住宅　③バリアフリー性の高い住宅 ●その他の住宅……500万円
受贈者の要件	●贈与を受けた年の1月1日において18歳以上 ●贈与を受けた年の合計所得金額が2000万円以下 （住宅床面積が40㎡以上50㎡未満なら1000万円以下）
家屋等の要件	▶新築・購入 ●床面積が40㎡以上240㎡以下で、その半分以上が受贈者の居住用 ●中古住宅は新耐震基準に適合していること （登記簿上の建築日が1982年1月1日以降ならOK） ●中古住宅は耐震性が証明されたもの ▶増改築 ●増改築後の床面積が40㎡以上240㎡以下で、その半分以上が受贈者の居住用 ●増改築工事の費用が100万円以上

Q98 住宅取得等資金の贈与の特例で、注意が必要な「3つのタイミング」とはなんですか？

A 「贈与」「入居」「手続き」のタイミングに要注意。特例を受けられなくなることもある。

「住宅取得等資金の贈与の特例」では、「贈与」「入居」「手続き」の3つのタイミングに気をつけましょう（下の図参照）。それぞれに期日や条件などの制約があり、遵守《じゅんしゅ》しないと非課税が適用されません。

特に要注意なのは、この制度を利用できるのは2024年1月1日から2026年12月31日までの3年間に行われた贈与に限られることです。また、その期間より前にこの制度を利用していないことも条件になります。

さらに、贈与を受けた年の翌年3月15日までに住宅を取得し、居住しなければならないことにも注意したほうがいいでしょう。住宅を取得してから期日までに居住していないと非課税になりません。

手続きの期間は、贈与を受けた年の翌年2月1日から3月15日までです。期間が1ヵ月半しかないので、忘れずに贈与税の申告を行い非課税の適用を受けましょう。

注意が必要な3つのタイミング

贈与のタイミングの注意点	● 2024年1月1日から2026年12月31日までの間に贈与を受けている（原則として2009年1月1日から2023年12月31日までの間に本制度を利用していない） ● 贈与を受けた年の翌年3月15日までに当該資金で住宅を所有する ● 贈与時点で日本国内に住所がある（例外あり）
入居のタイミングの注意点	● 贈与を受けた年の翌年3月15日までに原則その家屋に居住する
手続きのタイミングの注意点	● 贈与を受けた年の翌年2月1日から3月15日までの間に、非課税の特例の適用を受ける旨を記載した贈与税の申告書、戸籍謄本、新築や取得の契約書の写しなどの必要書類※を納税地の所轄税務署に提出する ● 2026年12月31日までに本制度を利用する（新築・購入・増改築を含む）

※マイナンバーカードの写しの添付が必要。土地・建物の登記事項証明書は、贈与税の申告書に不動産番号を記載していれば提出しなくてもいい

Q99 贈与した住宅資金や教育資金が「特別受益」として遺産分割の対象となるのはなぜですか？

A 相続人の間で不公平が生じるから。住宅資金など大半の贈与財産は特別受益となる。

「特別受益」とは、相続人が複数いる被相続人（故人）から贈与または遺贈（遺言で遺産を贈ること）を受けた一部の相続人の特別な利益を指します。特別受益は、相続が開始されると遺産（相続財産）に持ち戻され、遺産分割の対象となります。

ほかの相続人が贈与・遺贈に納得していれば問題はありませんが、相続人の多くは遺産を公平に受け取ることを期待しています。そこで、相続人どうしの公平性を確保するために、特定の相続人だけに贈与・遺贈された財産は、特別受益として相続財産に持戻しとなるのです。

とはいえ、すべての贈与・遺贈が特別受益に該当するわけではありません（下の図参照）。

特別受益になるものの中で、多くの人に関係するのは結婚資金、住宅取得等資金、居住用不動産（所有権）でしょう。とはいえ、結婚資金はQ95の特例、住宅取得等資金はQ97の特例、居住用住宅はQ91の特例を受ければ、贈与税が非課税になるだけでなく、遺産総額が基礎控除（3000万円＋600万円×法定相続人の数）以内なら相続税も非課税になります。

特別受益になるもの、ならないもの

特別受益になるもの（課税対象になる）
結婚資金の贈与（結納金・結婚式費用など）
養子縁組のための資金の贈与（持参金・支度金など）
住宅取得等資金の贈与
居住用不動産（所有権）の贈与、借地権の承継
事業用資産・開業資金の贈与

特別受益にならないもの（課税対象にならない）
生命保険金の受取り
死亡退職金の受取り
相続人以外（孫など）への贈与・遺贈
被相続人が持戻し免除の意思表示をした場合

特別受益にならないものもいくつかあります。まず、生命保険金は保険会社、死亡退職金は生前の勤務先から支払われるものであり、故人の相続財産を受け継いだことにはならないので原則として相続税はかかりません。

次に、特別受益は被相続人から相続人に贈与・遺贈されたものと定義されているので、相続人以外に贈与・遺贈されたものは特別受益に該当しません。友人・知人はもちろんですが、被相続人と血縁関係にある孫（孫の父母が死亡して代襲相続人である場合は除く）への贈与・遺贈も特別受益とはならないのです。

さらに、被相続人が遺言書などで持戻しを免除する旨の意思表示をしていた場合も、相続人への贈与・遺贈は特別受益となりません（Q100参照）。

ところで、ケースバイケースで特別受益になったり、ならなかったりすることもあります。例えば、一部の相続人だけが大学に進学したり、海外留学をしたりして被相続人が費用を負担した場合です。その費用負担が常識的に考えて親の責務である扶養《ふよう》の範囲内なら特別受益にはなりませんが、扶養の範囲を超えている場合には特別受益として遺産分割の対象となることがあります。

Q100 特別受益として遺産分割の対象となるのを回避できる贈与の方法はありますか？

A 遺言書で「特別受益の持戻し免除の意思表示」を行えば、故人の希望を実現できる。

通常、特別受益は持ち戻されますが、被相続人（故人）が生前に「特別受益の持戻し免除の意思表示」をすれば相続財産から外すことができます。民法第903条3項では、「被相続人が特別受益の持戻しと異なった意思表示（持戻し免除の意思表示）をしたとき、その意思に従う」となっているのです。

とはいえ、口頭で相続人に自分の意思を直接伝えたり、書面（遺書やエンディングノートなど）に書き遺したりするだけだと立証するのが困難なので、実際に持戻し免除を実現できるかどうかはわかりません。ですから、特別受益の持戻し免除を確実に実現したい場合は、自筆証書遺言や公正証書遺言で意思表示をするといいでしょう。

第8章

生前対策編❷

納税負担が重い「贈与税」&「税申告」についての疑問10

▶Q101～110◀

回答者

山本宏税理士事務所所長 税理士
山本《やまもと》 宏《ひろし》
山本文枝税理士事務所所長 税理士
山本文枝《やまもとふみえ》

贈与税には特例があり、住宅資金・結婚資金・教育資金の贈与なら非課税

相続時精算課税は贈与総額が2500万円まで非課税となる
2500万円も非課税!?
すごいわ
ただし相続時には基礎控除の年間110万円を超えた分の贈与額が遺産に持ち戻され相続税が課される
しかも110万円を超えて贈与した年は贈与税の申告が必要じゃ
これはもっと面倒だ…
ほかにもあるの?
代表的なのは住宅取得等資金 結婚・子育て資金 教育資金という3つの特例じゃ
住宅取得等資金と結婚・子育て資金はそれぞれ1000万円 教育資金は1500万円まで非課税じゃ
ただし……
また ただし…
バッタリ
結婚・子育て資金の特例を利用するには贈与契約を結んだうえで専用口座を開設し税務署に非課税申告書を提出しなければならん
面倒だけど子供のためだ
父さん頼んだわよ
グォ〜
あ 寝てる
博士もう1回父さんに説明…
ハッ
いない!
あんたが説明しなさい
姉さんがしてよ〜

Q101 贈与税は「どんなときに」「誰が」納めるのですか？

A 贈与額が基礎控除110万円を超えた場合、贈与を受けた人が贈与税の申告・納税を行う。

「贈与税」は、1月1日から12月31日までの1年間に贈与があり、その額が基礎控除の110万円を超えたとき、贈与を受けた人（受贈者）に課税されます。課税される受贈者は、贈与を受けた翌年の2月1日〜3月15日に所轄の税務署へ贈与税の申告を行い納税します（暦年課税の場合。相続時精算課税の場合は異なる）。

贈与税の計算方法は、課税価格（基礎控除額110万円を超えた部分）から所定の控除額を差し引き、税率を掛けて求めます。贈与税の税率には、一般税率（一般贈与財産用）と特例税率（特例贈与財産用）があるので、該当する控除額や税率を用いて計算します（下の表参照）。例えば、妻が夫から1000万円の贈与を受けた場合、課税価格は［贈与額1000万円－基礎控除110万円］の計算式により890万円となります。そして、贈与税は［課税価格890万円×税率40％－控除額125万円］の計算式から231万円となります。

なお、期限（贈与を受けた年の翌年3月15日）までに贈与税を納めなかった場合は、延滞税（年2・4％か年8・7％）や、加算税（税額の5〜30％）が発生します。

贈与税の速算表

● 一般税率（一般贈与財産用）

課税価格	税率	控除額
200万円以下	10%	ー
300万円以下	15%	10万円
400万円以下	20%	25万円
600万円以下	30%	65万円
1,000万円以下	40%	125万円
1,500万円以下	45%	175万円
3,000万円以下	50%	250万円
3,000万円超	55%	400万円

＊直系尊属以外の親族、他人、配偶者からの贈与、または18歳未満の子供や孫が父母や祖父母から贈与を受けた場合

● 特例税率（特例贈与財産用）

課税価格	税率	控除額
200万円以下	10%	ー
400万円以下	15%	10万円
600万円以下	20%	30万円
1,000万円以下	30%	90万円
1,500万円以下	40%	190万円
3,000万円以下	45%	265万円
4,500万円以下	50%	415万円
4,500万円超	55%	640万円

＊18歳以上の子供や孫が父母や祖父母から贈与を受けた場合

Q102 年間110万円まで非課税で贈与できる「暦年課税」は、どんな仕組みですか？

A 贈与税の基本的な課税方法。毎年、1年間に110万円を超えた分の贈与に課税される。

「暦年課税」は、1年間に贈与を受けた合計額が基礎控除の110万円以下なら非課税で、110万円を超えた分にのみ課税される、贈与税の基本的な制度です。相続時精算課税を選択しない贈与については、すべて暦年課税の方法で贈与税が計算されます。

このように、年間110万円の非課税枠を使い、毎年繰り返し行う贈与を「暦年贈与」といいます。

ただし、最初からまとまった金額の資産を譲る意思があり、分割して毎年繰り返し贈与する場合は「定期贈与」と見なされ、全額が課税対象となります（下の図参照）。

例えば、1000万円を10回に分けて100万円ずつ10年間にわたって毎年、贈与するといったようなケースです。この場合は、最初から1000万円を譲る意思があるので、定期贈与と見なされます。

なお、最初から多額の資産を譲る意思がなければ、毎年繰り返し贈与しても定期贈与と見なされず、暦年贈与が認められます。例えば、1年限りのつもりで毎年100万円ずつ贈与し、結果的に10年間で1000万円に達したような場合です。

暦年贈与と定期贈与

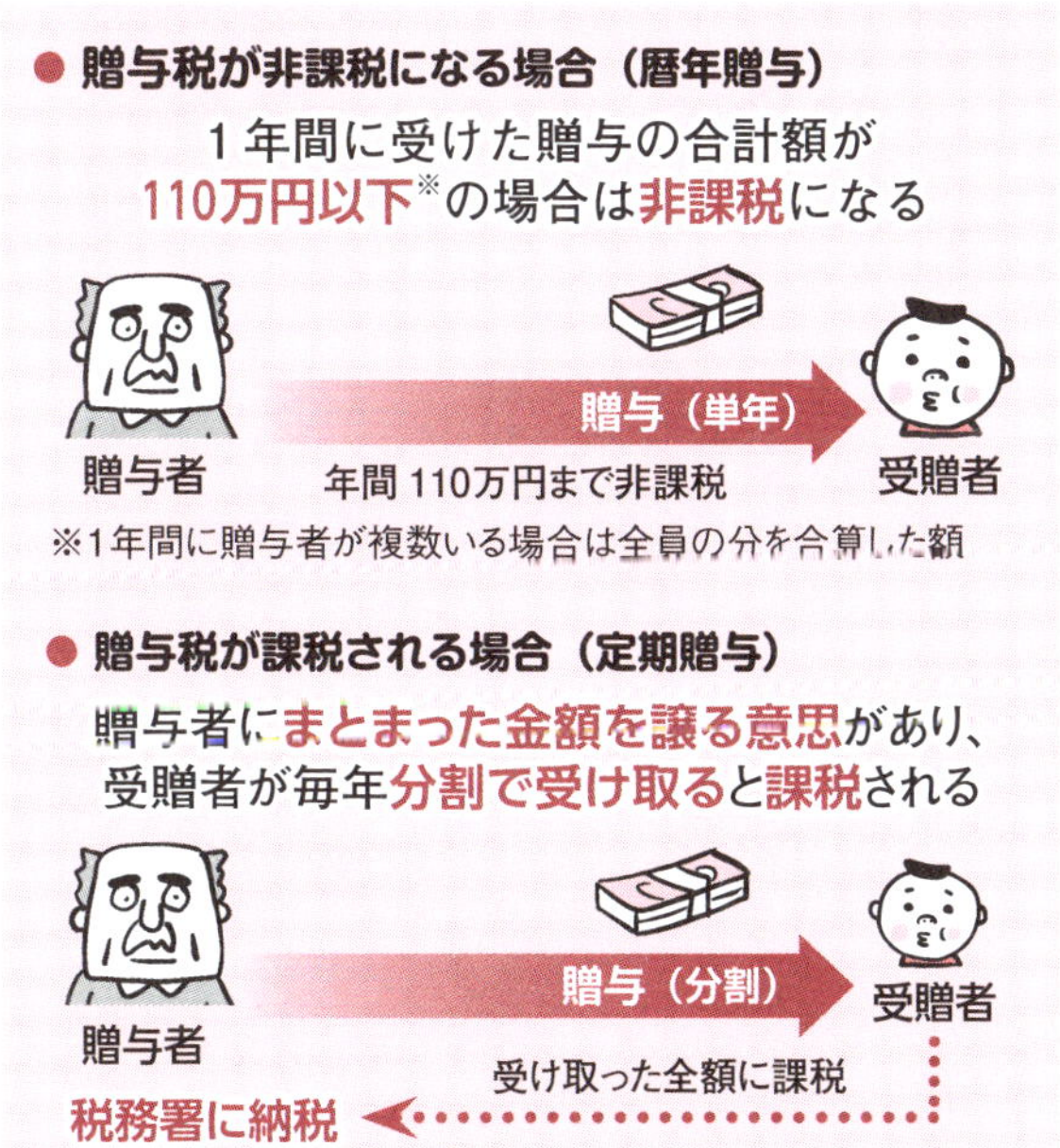

● 贈与税が非課税になる場合（暦年贈与）
1年間に受けた贈与の合計額が
110万円以下※の場合は非課税になる
贈与（単年）
贈与者
年間 110万円まで非課税
受贈者
※1年間に贈与者が複数いる場合は全員の分を合算した額
● 贈与税が課税される場合（定期贈与）
贈与者にまとまった金額を譲る意思があり、
受贈者が毎年分割で受け取ると課税される
贈与（分割）
贈与者
受贈者
受け取った全額に課税
税務署に納税

定期金と見なされないための注意点

同じ毎年の贈与でも課税されたり、課税されなかったりするのは、定期贈与が「定期金給付契約」で行われ、暦年贈与が「贈与契約」で行われるからです。

まず、定期金給付契約を説明しましょう。本来、定期金は個人年金保険金のように一定期間だけもらえる給付金を指しますが、定期贈与もこれに類すると考えられています。そのため、最初からまとまった金額の資産を譲るつもりで毎年繰り返し贈与する場合は、贈与者と受贈者の間で定期金給付契約（口頭でも成立）が交わされたことになり、贈与税が課されるのです。一方、暦年贈与では、贈与者と受贈者の間で贈与契約（口頭でも成立）を交わします。贈与するたびに贈与契約を結ぶことによって、その贈与は定期金とはいえなくなるのです。

ただし、税務調査で暦年贈与を認めてもらうためには、贈与者と受贈者が贈与のたびに贈与契約を結び、贈与契約書を作成して双方で保管しておく必要があります（Q110参照）。贈与契約書がないと、定期贈与と見なされてしまうことがあるので注意してください。

Q103 多額の贈与を受けても申告・納税を行わなかった場合、どうなりますか？

A 税務署にばれなければいいとの考えは禁物。無申告加算税や重加算税が課されることも。

暦年課税の基礎控除（年間110万円）を超える贈与を受けたのに申告・納税を行わず、その事実が税務署に知られた場合は、贈与税と無申告加算税が課されます。無その場合の申告加算税の税額は、本来の贈与税が50万円以内なら15％、50万円を超えたら20％です。

なお、この無申告加算税は、申告もれなどのうっかりミスに対するペナルティです。申告内容の偽造などの不正行為があった場合には、さらに税率が高い重加算税が賦課《ふか》されることがあります。

贈与を受けた人は「どうせ申告・納税しなくてもばれない」と思いがちですが、いつ税務調査の対象になるかわかりません。申告もれがないように注意しましょう。

Q104 贈与された財産が相続税の課税対象になると、すでに納めた贈与税はどうなりますか？

A 相続税の計算時に納付した贈与税を控除できるので、二重課税とはならない。安心を。

贈与税の基礎控除額110万円を超えた財産の贈与を受けたり、特例を利用しないで教育資金や結婚資金など多額の贈与を受けたりして、すでに贈与税を納めている人も多いと思います。そのような人が被相続人（故人）の死亡によって相続税の課税対象となった場合、相続税と贈与税が二重課税されるのでしょうか。

答えはノーです。**相続税には「贈与税額控除」があり、課される相続税から納付ずみの贈与税の合計を差し引くことができます。**例えば、相続税が200万円で、納付ずみの贈与税の合計が80万円の場合、「相続税200万円－納付ずみの贈与税80万円」の計算式から実際に納める相続税は120万円となります。

Q105 総額2500万円まで非課税で贈与できる「相続時精算課税」は、どんな仕組みですか？

A 総額2500万円の特別控除のほかに、年間110万円の基礎控除も新設された。

「相続時精算課税」は、贈与税の課税方法の1つです。通常、贈与税は暦年課税によって計算されますが、所轄の税務署で手続きをすることで相続時精算課税を選択することができます（Q108参照）。相続時精算課税を選択できるのは、贈与者が60歳以上の祖父母や父母などで、受贈者が18歳以上の子供や孫、推定相続人の場合です（いずれも贈与した年の1月1日時点の年齢）。

相続時精算課税は、1年間に贈与で取得した財産の合計額から基礎控除の110万円を引き、特別控除（最高2500万円）の適用がある場合は、その金額を控除した残額に一律20％で贈与税が課されるという仕組みになっています（144ページの図参照）。年間110万円の基礎控除は税制改正により新設されたもので、2024年1月以降に行われる贈与から適用されます。相続時精算課税は、基礎控除額と特別控除を受けられるので、贈与税の節税メリットが大きい課税方法といえるでしょう。

ただし、相続時精算課税では、基礎控除110万円を超えた部分の合計額が相続税の対象になります。相続時精算課税で行われる贈与は、特別控除の2500万円を利用して大金や不動産を譲るケースが多く、相続時に税負担が重くなりがちなのがデメリットといえます。

ちなみに、贈与に対する相続税は、暦年課税でも相続開始3〜7年前まで行われた分については課税対象になります（2027年1月1日から課税対象期間が順次延びる）。暦年課税の場合は、贈与の基礎控除の部分も相続税が課される（延長された期間については軽減措置がある）ので、贈与期間が7年よりも短ければ、相続時精算課税のほうが相続税が安くなることも考えられます。

ところで、相続時精算課税による贈与が向いているのは、配当金を得られる株式や投資信託などを譲りたい人、家賃収入が得られるアパートやマンションを所有している人です。概して、株式や不動産といった資産は評価額が高いので、贈与するさいは2500万円の特別控除のある相続時精算課税が適しています。また、収益を生む資産の贈与を受けると配当金や家賃も受贈者が得られるので、相続財産の増加を抑えることができます。

こうしたことから相続時精算課税は、会社経営者が跡継ぎに事業承継することを目的に選択することの多い課税方法です。

相続時精算課税の仕組み

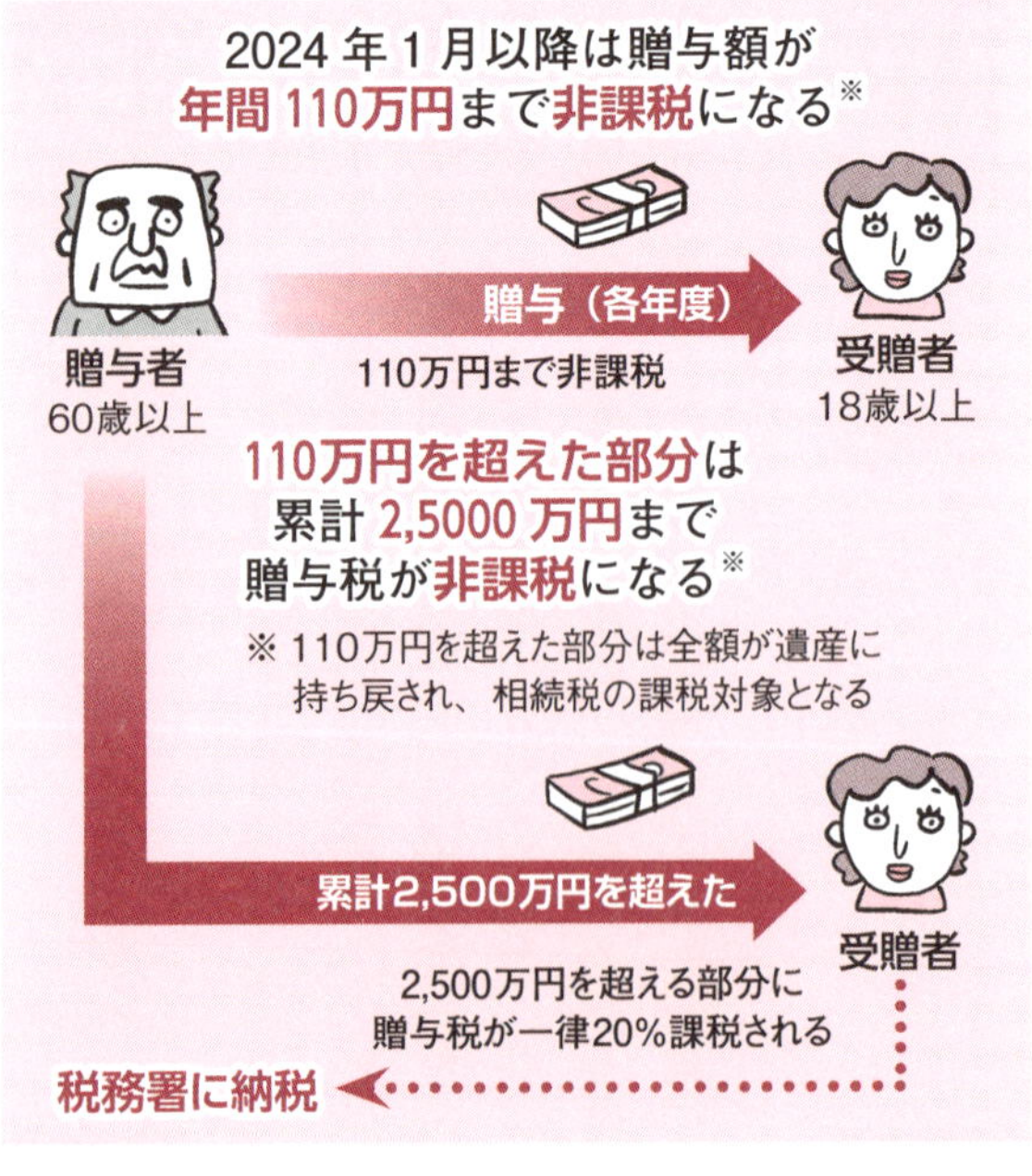

2024年1月以降は贈与額が
年間110万円まで非課税になる※
贈与者
60歳以上
贈与（各年度）
110万円まで非課税
受贈者
18歳以上
110万円を超えた部分は
累計2,5000万円まで
贈与税が非課税になる※
※ 110万円を超えた部分は全額が遺産に
持ち戻され、相続税の課税対象となる
累計2,500万円を超えた
受贈者
2,500万円を超える部分に
贈与税が一律20%課税される
税務署に納税

Q106 相続時精算課税では、少額の贈与でも「贈与税の申告が必要」ですか?

A 年間110万円以内の贈与を受けた場合であれば、贈与税の申告を行う必要はない。

これまで相続時精算課税では、特別控除の2500万円を超えたときに限って贈与税が課されていました。そのため、少額の贈与でも、合算して特別控除を超えていないかどうかを確認するために贈与税の申告を行う必要があったのです。

2024年1月以降は、税制改正によって相続時精算課税にも年間110万円の基礎控除が加わり、これを超えた贈与の総額が特別控除の2500万円を上回った場合のみ贈与税が課されることになりました。そのため、年間110万円以内の贈与を受けた場合であれば申告を行う必要はありません。なお、特別控除は贈与税の期限内に申告書を提出した場合のみ適用されます。

Q107 相続時精算課税を選択すると「暦年課税には二度と戻れない」とは本当ですか?

A 本当。相続時精算課税を選んだら取り消せないので、慎重に選択することが肝心。

一度でも贈与税の課税方法として相続時精算課税を選択したら（税務署に相続時精算課税選択届出書を提出したら）、**その後は暦年課税に戻ることはできません。**なぜなら、相続時精算課税は、贈与者が亡くなって相続税の申告・納税が終了するまで適用される制度だからです。

Q105で説明したように相続時精算課税は必ずしも有利な課税方式ではなく、贈与税の節税メリットが大きい反面、相続税の負担が重くなる可能性もあるので要注意。7年を超えて長期間行う年間110万円以下の暦年贈与なら、暦年課税のほうがいい場合もあります。

いずれにせよ、相続時精算課税の選択は慎重に行ってください。

Q108 相続時精算課税を選択する場合、どんな手続きが必要ですか？

A 贈与を受ける人は、納税地の税務署に相続時精算課税選択届出書を提出することに。

贈与税の課税方法として相続時精算課税を選択する場合は、贈与を受けた年の翌年2月1日から3月15日までの間に、所轄の税務署へ「相続時精算課税選択届出書」を提出します（年間に110万円を超える贈与を受けた場合は、贈与税の申告書を提出するときに相続時精算課税選択届出書を添付する）。

下の表の❶～❸に該当する場合は、届出書のほかにそれぞれ必要書類を添付する必要があります。多くの人は❶に該当するので、少なくとも戸籍謄本または戸籍抄本の添付が必要になります。

この届出書を提出した後も暦年課税と同じように年間110万円の基礎控除を受けられます。そのため、相続時精算課税の手続き後、年間に贈与を受けた額が110万円以下なら贈与税の申告は必要ありません。

ところで、贈与税の課税方法は贈与者ごとに選択することができます。複数の贈与者に対して相続時精算課税を選択する場合は、上記の手続きを贈与者ごとに行うことになります。

相続時精算課税の届出書の添付書類

❶ 受贈者が贈与者の直系卑属（子など）である推定相続人、または孫である場合
受贈者の氏名、生年月日を証する書類※1
受贈者が推定相続人または孫であることを証する書類※1

❷ 受贈者が「個人の事業用資産についての贈与税の納税猶予、および免除の特例（措法70の6の8）」の適用を受ける特例事業受贈者である場合
受贈者の氏名、生年月日を証する書類※1
贈与で特例受贈事業用資産を取得したことを証する書類※2

❸ 受贈者が「非上場株式等についての贈与税の納税猶予、および免除の特例（措法70の7の5）」の適用を受ける特例経営承継受贈者である場合
受贈者の氏名、生年月日を証する書類※1
贈与で特例対象受贈非上場株式などを取得したことを証する書類※3

※1. 受贈者の戸籍謄本、戸籍抄本など
※2. 個人事業承継計画の確認申請書の写し、円滑化法の認定書など
※3. 特例承継計画の確認申請書の写し、円滑化法の認定書など

Q 109 税務調査に備えて「贈与契約書」は作っておくべきですか？

A 贈与は口頭で成立するが、証拠を残しておくことが重要。氏名は必ず手書きでサインを。

贈与のさいに当事者間で「**贈与契約書**」を作成することがあります。この契約書は必須なのでしょうか。

民法549条によると、贈与は当事者の一方が自己の財産を無償で相手方に与える意思を示し、相手方が受諾することによって、その効力が生じると定められています。つまり、贈与者が「譲ります」、受贈者が「受け取ります」と口頭で意思表示するだけで成立するのです。また、民法において契約は、法令に特別の定めがある場合を除き、契約書などの書面を交わさなくても成立することになっています（民法522条）。

ですから、贈与は当事者の意思を確認するだけで成立し、必ずしも贈与契約書は必要ないことになります。

しかし、贈与では大きな額の現金、金融商品、不動産などが譲渡されることから、トラブルを防ぐために贈与契約書を作成したほうがいいとされています。

まず、贈与契約書は税務調査が行われたときに、贈与が、贈与者と受贈者の間で本当に行われた暦年贈与（Q102参照）であることを証明するために必要です。

贈与契約書の例

贈与契約書

贈与者 文響太郎（以下「甲」）は、受贈者 文響一郎（以下「乙」）と、下記条項により贈与契約を締結する。

記

第1条 甲は現金 110 万円を乙に贈与するものとし、乙は承諾した。

第2条 甲は、第1条に基づき贈与した現金を 2025 年 4 月 1 日までに乙が指定する金融機関の預金口座へ振り込むものとする。

本契約を締結する証として、この証書2通を作成し、甲乙双方及び乙の法定代理人が記名・捺印のうえ、各1通を保有する。

2025 年 2 月 1 日

（甲） 住所 東京都港区赤坂◎丁目×
氏名 文響太郎 印

（乙） 住所 東京都港区虎ノ門◎丁目×
氏名 文響一郎 印

（乙の親権者） 住所 東京都港区赤坂◎丁目×
氏名 文響花子 印

（乙の親権者） 住所
氏名 印

贈与で行われる税務調査の多くは、定期贈与（Q102）が疑われる場合です。贈与契約書で1年限りの贈与であることを証明できないと定期贈与と見なされ、年間110万円の基礎控除が適用されず贈与の全額（定期金に関する権利として評価）が課税対象となります。

次に、贈与者と受贈者の間のトラブルを防ぐためにも贈与契約書が必要です。口約束だけでは贈与が実際に行われる保証はありません。贈与契約書を交わすことで、贈与を確実に実行してもらうことができます。

また、贈与契約書があると不動産を譲り受けて贈与登記をするさいに登記原因証明情報として提出できるので、登記移転の手続きがスムーズになります。

贈与契約書の書き方は147ページの図のとおり。ポイントは、贈与契約書を2通作成して双方が署名・捺印すること、自筆で氏名を書くことです（印字の名前は不可）。捺印は三文判でもかまいませんが、不動産を贈与する場合のみ、贈与者は実印で捺印する必要があります。

作成した贈与契約書は双方が保管します。贈与契約書の紛失・改ざんが心配な場合は、公正証書として作成すると原本が公証役場で保管されます（保管期間は20年）。

Q110 111万円を贈与して「贈与税を少し納めると贈与契約書は不要」とは本当ですか？

A 暦年課税は贈与契約書なしでも適用される。暦年贈与を行うなら作成したほうがベター。

暦年課税による年間110万円の基礎控除は、贈与契約書を作成していなくても受けられます。1年限りの前提で111万円を贈与すれば、その額から110万円を引いた1万円が贈与税の課税対象になります（1万円の税率は10%なので1000円が課税される）。

しかし、**1年限りではなく毎年繰り返して贈与する暦年贈与の場合は、贈与契約書がないと税務調査があったときに定期贈与が疑われます（Q109参照）。**贈与税の申告書を提出して贈与税を少し納めるのも贈与の事実を証明する方法の1つですが、証明効果は贈与契約書のほうが高いといえます。**暦年贈与を行うときは贈与契約書を必ず作成するようにしましょう。**

第9章

生前対策編❸

知らないと損！「新しい 生前贈与ルール」についての疑問11

▶ Q111～121 ◀

回答者

佐藤正明税理士・社会保険労務士事務所所長
税理士 社会保険労務士 日本福祉大学非常勤講師
佐藤正明《さとうまさあき》

生前贈与の定番「暦年贈与」の魅力は薄れ「相続時精算課税」が有力な選択肢になった

2031年以降に相続が発生すると暦年贈与した財産の7年分が相続財産に持ち戻されるそうだ
暦年贈与を続けてもその分相続財産は減らないのね
う～ん子供や孫への暦年贈与は見直したほうがいいかもな
穂（光一の長女）
叶（光一の次女）
光一（長男）
聡子（妻・65歳）
朝倉義景（67歳）
奈々子（光一の妻）
孫への贈与は見直し不要じゃ
孫は相続人ではないから持戻しの対象外となる
ラッキ～
相続博士
相続人への贈与は相続時精算課税という選択肢《し》がある
年間110万円の基礎控除も新設された
相続時精算課税は総額2500万円までの贈与が非課税となるが贈与した財産はすべて相続財産に持ち戻され相続税が課される制度じゃった
それでは生前贈与をする意味がないな
しかもわずか数万円の贈与でも税申告が必要だった
そのため利用者も少なかったが
生前贈与ルール改正によって年間110万円の基礎控除分は持ち戻されなくなった

つまり年間110万円以下の贈与財産は相続税も非課税となる
じゃあ申告も不要ってこと?
ただし110万円を超えると必要じゃ 2500万円の非課税枠内なら申告は不要と勘違いする人も多いので注意するように!
子供は相続時精算課税 孫は暦年贈与というのは?
可能じゃ 受贈者1人ひとりに対して個別に選択できる
一度選択すると暦年贈与に戻れないと聞いたけど……
本当じゃ
だが基礎控除を使えば暦年贈与と同様に贈与できる! しかも2024年以降に贈与した基礎控除分は持戻しの対象外となる
じゃあこれから贈与する基礎控除分はすべて除外されるってことね
7年分が持戻しとなる暦年贈与とは大違いだ
孫も相続時精算課税にできるの?
可能じゃ 受贈者は贈与者の子または孫とされておる しかし孫は持戻しの対象外じゃから暦年贈与でも問題ない
光一らには相続時精算課税がいいかも?
ふむ
オレはそれでいいけど……
光子や光男にも相談する必要があるわ
光男(次男)
光子(長女)
贈与は「あげましょう」「もらいましょう」という口約束でも成立するが双方の合意が必要じゃからよく話し合うことじゃ

Q111 2024年1月施行の「生前贈与ルール改正」で、制度の仕組みはどう変わりましたか？

A 暦年贈与の持戻し期間3年を7年に延長、相続時精算課税に基礎控除を新設、など。

2023年度の税制改正で、65年ぶりに「生前贈与ルール」が変わりました。くわしく説明しましょう。

❶暦年課税の生前贈与加算期間を3年から7年に延長

相続税の計算では、被相続人（故人）が亡くなる前に過度な贈与を行って相続財産を減らすことをさけるために、一定期間の暦年贈与分を相続財産に持ち戻すことになっています。これを**「生前贈与加算」**といいます。

この持戻し期間が、相続開始前3年間から7年間に延長されました。具体的には、2026年12月末までの相続は3年間、翌年から徐々に延長され、2031年1月以降の相続では7年間となります。ただし、延長された期間分（相続開始日によって4～7年間分）については、総額100万円まで相続財産に加算されません。

❷相続時精算課税における基礎控除の創設

相続時精算課税制度とは、相続税と贈与税を一体化する仕組みです。生前贈与をした額の累計が2500万円（基礎控除を除く）になるまで贈与税が非課税となり、超過した分には一律20％の贈与税が課されます。

年間110万円以下の贈与は持戻し不要

相続時精算課税では、相続が発生すると、贈与した財産を相続財産に含めて相続税を計算します。すでに納めた贈与税額は相続税額から控除できるので、納めた贈与税額のほうが多い場合には、その差額が還付されます。

対象となるのは原則、60歳以上の直系尊属（父母や祖父母）から18歳以上の子供や孫への贈与です。年齢は、贈与を行う年の1月1日現在で判定されます。

2024年1月以降は、従来の2500万円に加えて年間110万円の基礎控除が認められ、基礎控除額以内の贈与なら税申告が原則不要となりました。また、この基礎控除額は、贈与時期に関係なく相続財産に加算されないので、生前贈与による節税効果が大きくなります。

Q 112

生前贈与ルール改正の柱「7年ルール」とはなんですか？

A 相続発生前3～7年間の贈与は相続財産に持ち戻され相続税の課税対象となるルール。

相続税の申告では相続財産に暦年贈与の金額を加算する必要がありますが、その加算期間が3年間から7年間に延長されました。相続財産が増加することになるので、納税者にとっては増税の改正です。

この「生前贈与加算」の対象になるのは、「相続または遺贈（遺言で遺産を贈ること）により財産を取得した人」です。つまり、遺産を引き継ぐ法定相続人や遺言で遺産を受け取る人への暦年贈与は必ず対象となります。

したがって、法定相続人ではない孫やひ孫への暦年贈与は、生前贈与加算の対象外です。ただし、代襲相続などで孫やひ孫が遺産を受け取ると対象になります。

暦年贈与については、2024年1月から生前贈与加算の対象期間が延長されます。相続開始が2026年12月31日までは3年間、その後1ヵ月単位で延長され、2031年1月以降は相続開始前7年間に行われた暦年贈与が生前贈与加算の対象となります（左の表参照）。

ただし、延長された期間（最長7年間）内に行われた暦年贈与については、この贈与財産の総額から100万円の控除が受けられます。

生前贈与加算期間の延長スケジュール

暦年贈与が行われた時期	贈与者の相続開始日	生前贈与加算の対象期間
2023年12月31日まで	2023年12月31日まで	相続開始前3年間
2024年1月1日以降	2024年1月1日～2026年12月31日	相続開始前3年間
	2027年1月1日～2027年12月31日	相続開始前最長4年未満
	2028年1月1日～2028年12月31日	相続開始前最長5年未満
	2029年1月1日～2029年12月31日	相続開始前最長6年未満
	2030年1月1日～2030年12月31日	相続開始前最長7年未満
	2031年1月1日以降	相続開始前7年間

＊生前贈与加算の対象になった暦年贈与などの贈与財産は、相続財産に持ち戻されて相続税の課税対象となる

＊出典：国税庁ホームページの図表を一部改変

Q113 7年ルールで、従来の相続税対策「暦年贈与」では損するとは本当ですか？

A 相続開始から7年間さかのぼって相続税が課されるので、別の相続対策も併せて検討を。

贈与税は、基礎控除110万円を少し超えた程度の贈与ではさほど課税されず、さらに直系尊属（父母や祖父母）から子供や孫への贈与は一般贈与よりも低い特例税率（140ページの表参照）が適用されます。贈与時に贈与税を支払ってでも「暦年贈与」を長く活用すれば、贈与税と相続税の両方の節税ができる可能性があります。

とはいえ、生前贈与加算期間（Q111参照）の3年から7年への延長は、実質的な相続税の課税強化にほかなりません。法定相続人以外（孫や子の配偶者）への贈与、相続時精算課税制度やその基礎控除、贈与の特例（住宅取得等資金の贈与、教育資金の贈与、結婚・子育て資金の贈与）などの活用も積極的に検討しましょう。

Q114 7年ルールへの移行は、いきなり行われますか？段階的に行われますか？

A 2027年1月から段階的に延長される。完全に7年間になるのは2031年1月以降。

生前贈与加算期間（Q111参照）の延長による急激な税負担の増加をさけるため、相続開始日で加算額が段階的に増えるように経過措置が設けられています。

具体的には、相続開始日が2026年12月31日までなら相続開始前3年以内、2027年1月1日から2030年12月31日なら3年超7年未満（1ヵ月刻みで延長）。そして相続開始前7年以内となるのは、2031年1月1日以降となります（Q112の表参照）。

したがって、暦年贈与を行うなら、なるべく早く始めたほうがいいでしょう。また、相続が発生した時期によって生前贈与加算期間が変わることを理解したうえで生前贈与の方法や贈与額を検討する必要があります。

Q 115 孫や子供の配偶者への贈与は「7年ルールの適用外」なので有利とは本当ですか？

A 適用されるのは法定相続人のみ。孫や嫁・婿への贈与は適用外となるので、とても有利。

生前贈与加算（Q111参照）の対象となるのは、相続または遺贈（遺言で遺産を贈ること）によって遺産（相続財産）を取得した相続人や受贈者に限られます。そのため、法定相続人である配偶者や子供に対して被相続人（故人）が行った生前贈与は**「7年ルール」**の対象になりますが、相続発生時に何も相続しなければ、生前贈与加算の対象にはならず、通常の贈与税の課税関係だけで完結します。

法定相続人ではない孫、あるいは子供の配偶者（嫁または婿《むこ》）への贈与は7年ルールの対象外です。ただし、孫が養子縁組をしていたり、孫が代襲相続人となって遺産を相続したりした場合には対象となります。

ちなみに、代襲相続とは、相続人となるはずであった子供または兄弟姉妹が、被相続人より先に死亡したなどの理由で相続人になれない場合、死亡した人の子供など

贈与税と相続税の比較

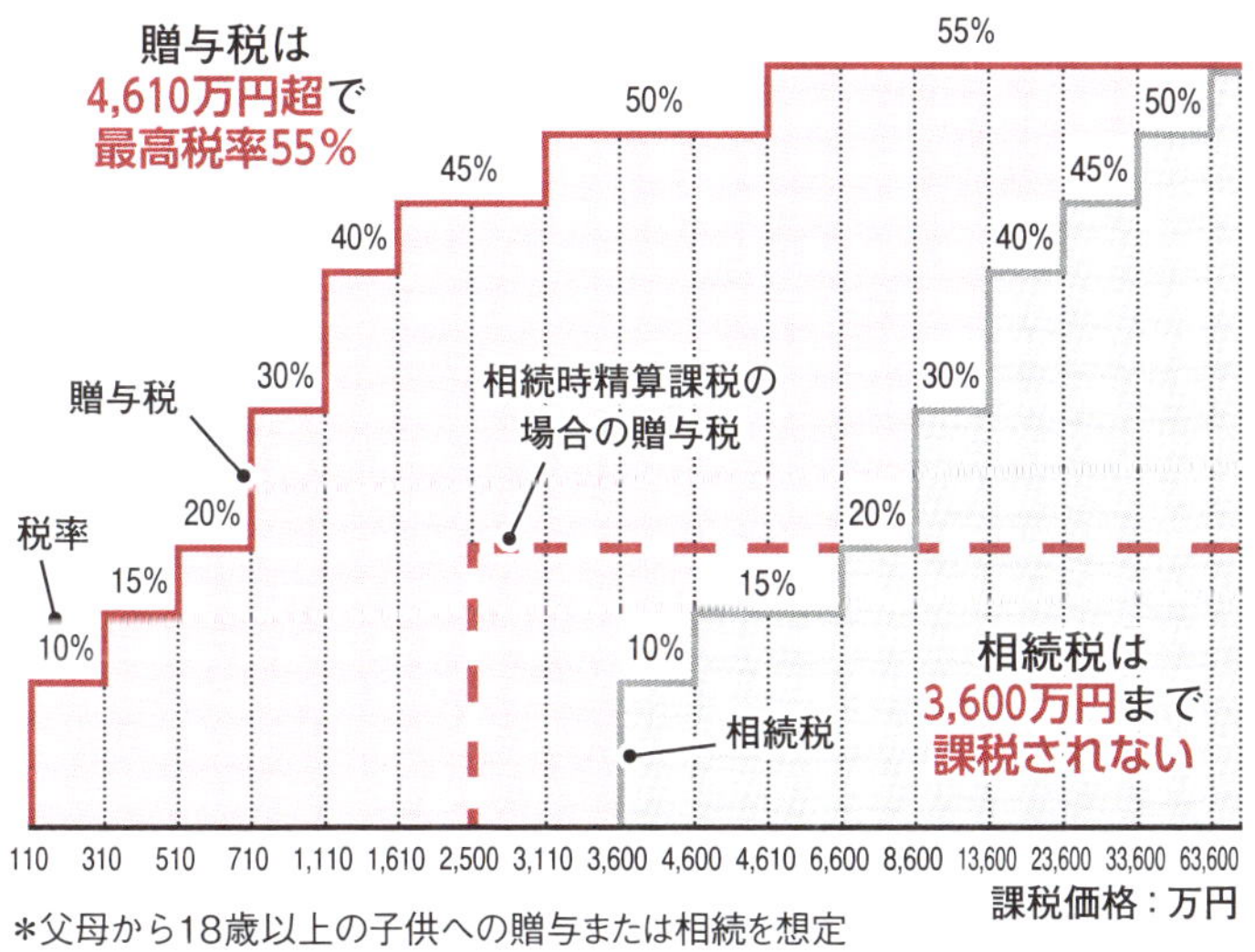

＊父母から18歳以上の子供への贈与または相続を想定
＊相続税の基礎控除額は相続人が子供1人で3,600万円と想定

が代わりに相続人になることです。

また、相続人であるかどうかにかかわらず、遺言書による遺贈や生命保険金、死亡退職金などの「みなし相続財産」を受け取った場合も生前贈与加算の対象になるので、注意が必要です。

贈与税の税率は相続税よりも高いとはいえ、直系尊属（父母や祖父母）から子供や孫への贈与は一般贈与よりも低い特例税率が適用されます（Q101の表参照）。そのため、暦年贈与を長期間にわたって活用すれば、贈与税額と相続税額の総額を減らせる可能性があります。

贈与税の計算方法

● **贈与税の計算式**

基礎控除後の課税価格※1
× 税率※2 **− 控除額**※2
= 贈与税額

※1. 基礎控除後の課税価格は、受贈者が1年で受けた贈与の相続税評価額から贈与税の基礎控除110万円を差し引いた額

※2. 贈与税の税率、控除額は140㌻の表参照

【計算例】
祖父母から孫（18歳以上）への贈与
基礎控除後の課税価格：500万円
税率：20%　控除額：30万円

計算式に代入：
500万円 × 20% − 30万円＝
贈与税額70万円

Q116 7年ルール適用外の孫や子供の配偶者が遺産を相続した場合、どうなりますか？

A 遺産を相続すると相続人となり、贈与された財産は7年ルールが適用されるので要注意。

法定相続人ではない孫や子供の配偶者（嫁または婿《むこ》）への贈与は原則、生前贈与加算（Q111参照）の対象外です（被相続人〈故人〉と養子縁組をしていたり、法定相続人の死亡により繰り上がって代襲相続人〈Q115参照〉となったりした場合は生前贈与加算の対象）。

しかし、孫や子供の配偶者が遺言書による遺贈や生命保険金、死亡退職金などを受け取った場合には生前贈与加算の対象となり、「7年ルール」が適用されます。

逆に、孫や子供の配偶者が相続発生時に何も相続しない限り、生前贈与加算の対象にはならず、通常の贈与税の課税関係だけで完結します。早い時期から計画的に生前贈与を行うことが重要といえるでしょう。

Q 117 相続時精算課税の新しい非課税枠「110万円」以内の贈与は相続税も非課税ですか？

A 年間110万円までの贈与は、たとえ相続直前でも遺産に組み込まれず相続税も非課税。

相続時精算課税制度の対象となるのは、原則として60歳以上の直系尊属（父母や祖父母）から18歳以上の子供や孫への贈与（累計2500万円まで非課税）で、贈与を受けた年の翌年3月15日までに相続時精算課税制度の選択の届け出を行う必要があります。

ただし、年間110万円の基礎控除を使う暦年贈与との選択制です。いったん相続時精算課税制度を選択すると、以降は暦年贈与ができなくなり、毎年、110万円以下の少額の贈与でも贈与税の申告をしなければならないなど、手続きの煩雑《はんざつ》さが指摘されてきました。

そこで2024年1月以降は、非課税枠の2500万円に加え、贈与した年において110万円までの基礎控除が新設され、基礎控除内の贈与なら申告が不要となりました。

また、暦年贈与では相続開始前3～7年間に贈与された財産は相続財産に加算（Q112参照）されますが、相続時精算課税制度に新設された基礎控除110万円は、贈与時期に関係なく相続財産に加算されないので、生前贈与による節税効果が大きくなります。

改正後の相続時精算課税制度の仕組み

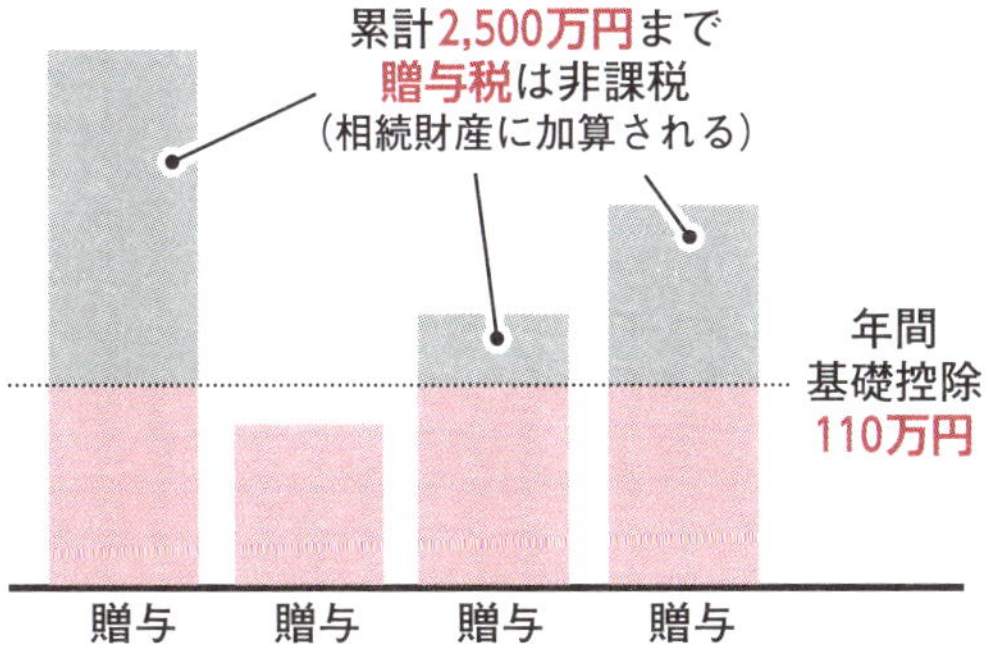

■の部分……累計2,500万円まで贈与税はかからないが、相続財産に加算されるため相続税の対象となる。また、2,500万円超の部分には一律20％で贈与税が課される（従来どおり）

■の部分……年間110万円までの贈与は贈与税がかからず、相続財産にも加算されないので、相続税もかからない（2024年１月以降）

Q118 相続時精算課税全体の非課税枠「2500万円」が残っていると税申告は不要ですか？

A 非課税枠が残っていても、年間110万円を超える贈与をした場合には税申告が必要。

以前は、相続時精算課税制度を選択した場合、2500万円の非課税枠を使い切っていなくても、たとえどんなに少額の贈与であっても、贈与をするたびに贈与税の申告が必要でした。

ところが、2024年1月以降は、贈与が年間110万円以下の場合は贈与税の申告が不要となっています。ただし、年間110万円を超える贈与を行った場合には贈与税の申告を行わなくてはいけません。贈与の総額が2500万円を超えた場合も同様です。

また、相続時精算課税制度を選択した初年度の手続きは、相続時精算課税制度選択届出書と贈与税の申告書を同時に提出していました。改正後は、贈与額が年間110万円以下なら贈与税の申告書は不要となりましたが、最初の手続きでは相続時精算課税制度選択届出書の提出が必要です。この届出書は必ず提出しておきましょう。

相続時精算課税制度の新旧比較

	改正前（2023年まで）	改正後（2024年以降）
対象者	贈与者：60歳以上の人（父母、祖父母など） 受贈者：18歳以上で、贈与者の直系卑属である推定相続人または孫（年齢は贈与年の１月１日時点）	
控除額	累計2,500万円	累計2,500万円 基礎控除：年間110万円
税率	2,500万円を超えた分に一律20%の贈与税を課税	
贈与税額	{(その年に贈与を受けた財産の価額の合計額）－特別控除額 2,500万円} ×20%	{〔(その年に贈与を受けた財産の価額の合計額－基礎控除額110万円）の総額〕－特別控除額2,500万円} ×20%
選択時	贈与年の翌年２月１日～３月15日までの間に受贈者の納税地の所管税務署に提出（適用初年には申告義務にかかわらず相続時精算課税選択届出書を提出）	
贈与税	少額でも贈与があれば申告が必要	贈与額が基礎控除額110万円以下なら申告不要
相続発生時	全贈与財産も贈与時の価額で相続財産の価額に加算	各年ごとの基礎控除額110万円以下は相続財産の価額に加算せずに、全贈与財産も贈与時の価額で相続財産の価額に加算
相続税額	納付ずみの贈与税は相続税から差し引き、贈与税が多い場合はその分を還付	

Q119 相続時精算課税を選択すると有利なのは、どんな人ですか？

A 相続税の基礎控除内に収まる財産や、課税されても相続税が少額の財産を持つ人など。

相続財産の総額が、相続税の基礎控除額（3000万円＋600万円×法定相続人の数）以内に収まる人は、相続時精算課税制度の利用を検討しましょう。

相続税の基礎控除額を超える財産があっても、生前贈与によって超過分を「相続時精算課税制度の基礎控除110万円×贈与年数」に抑えると課税されません。毎年この制度で贈与できれば有利でしょう。

すでに暦年課税で年間に110万円以上の贈与をしている人も、相続時精算課税制度の利用を検討すべきです。ただし、いったん相続時精算課税制度を利用すると暦年課税には戻れない点に注意してください。

また、相続時精算課税制度では、贈与時の価格で相続財産に加算されます。したがって、将来値上がりしそうな財産を持っている人も検討するといいでしょう。

Q120 暦年課税を選択すると有利なのは、どんな人ですか？

A 相続税が多額にかかる財産を持ち、この先8年以上は生きる自信のある若くて元気な人。

2026年1月から生前贈与加算期間が段階的に7年間に延長されるため、暦年贈与の節税効果が低下してしまったことは事実です。しかし、相続財産に加える生前贈与加算の対象は、相続または遺贈（遺言で遺産を贈ること）により財産を取得した人に限られます。

法定相続人以外に贈与する、養子縁組をしていない孫やひ孫に贈与する（相続人ではない人に贈与した財産は相続財産に持ち戻されない）、贈与者の年齢が若い（長期にわたり贈与できる）、複数の人に贈与するといった場合は、暦年贈与の恩恵を十分に受けられます。

Q121 子供や孫に贈与する場合、暦年課税と相続時精算課税のどちらがおすすめですか？

A 子供には相続時精算課税、相続人でない孫や嫁・婿には暦年課税で贈与するといい。

相続時精算課税制度と暦年課税（暦年贈与）は選択制で、併用することはできません。どちらを選んだほうがいいのか迷う人も多いでしょう。

相続時精算課税制度は基礎控除が新設されたため、とても利用しやすくなりました。自分（贈与者）の年齢によって使い分けるという方法もあります。

例えば、贈与者が若いうちは暦年贈与を利用し、相続時精算課税制度が使える年齢（60歳以上）に達した、あるいは病気などで余命を意識したタイミングで相続時精算課税に切り替えるというのも一案です。

暦年贈与は長期的・計画的な贈与が可能で、相続開始まで時間がある場合に適していますが、生前贈与加算期間（Q111参照）が7年間に延びるため、節税効果は低下しました。そのため、法定相続人である子供への贈与は相続時精算課税制度のほうが適しています。特に短期間で大きな金額を贈与したい、将来値上がりする財産を贈与したい、贈与者が高齢で早期に財産を移転したい場合などが該当します。

一方、相続人ではない孫やひ孫、子供の配偶者（嫁または婿《むこ》）への贈与は暦年課税を選ぶといいでしょう。

暦年課税と相続時精算課税制度の比較

	暦年課税	相続時精算課税制度
贈与者	誰でもよい	60歳以上の父母または祖父母
受贈者	誰でもよい	18歳以上の推定相続人である子・孫（直系卑属）
非課税枠	受贈者１人当たり年間110万円	贈与者ごとに贈与した年ごとに年間110万円（基礎控除） 相続開始前で累計2,500万円
贈与税の申告	110万円を超えたら申告	110万円を超えたら申告 初年度は相続時精算課税制度選択届出書を提出
相続発生時	相続開始前７年間（３年間から段階的に延長）の贈与は相続財産に加算。ただし、相続開始前４～７年間の延長期間で100万円控除できる	すべての贈与財産を贈与時の価額で相続財産に加算（贈与した年の財産から110万円までを除く）

第10章

生前対策編④

生前に行っておきたい「贈与以外の相続対策」についての疑問9

▶ Q122〜130 ◀

回答者

佐藤正明税理士・社会保険労務士事務所所長
税理士 社会保険労務士 日本福祉大学非常勤講師
佐藤正明《さとうまさあき》

生命保険の加入や不動産の購入など生前贈与のほかにも有効な相続対策は多い

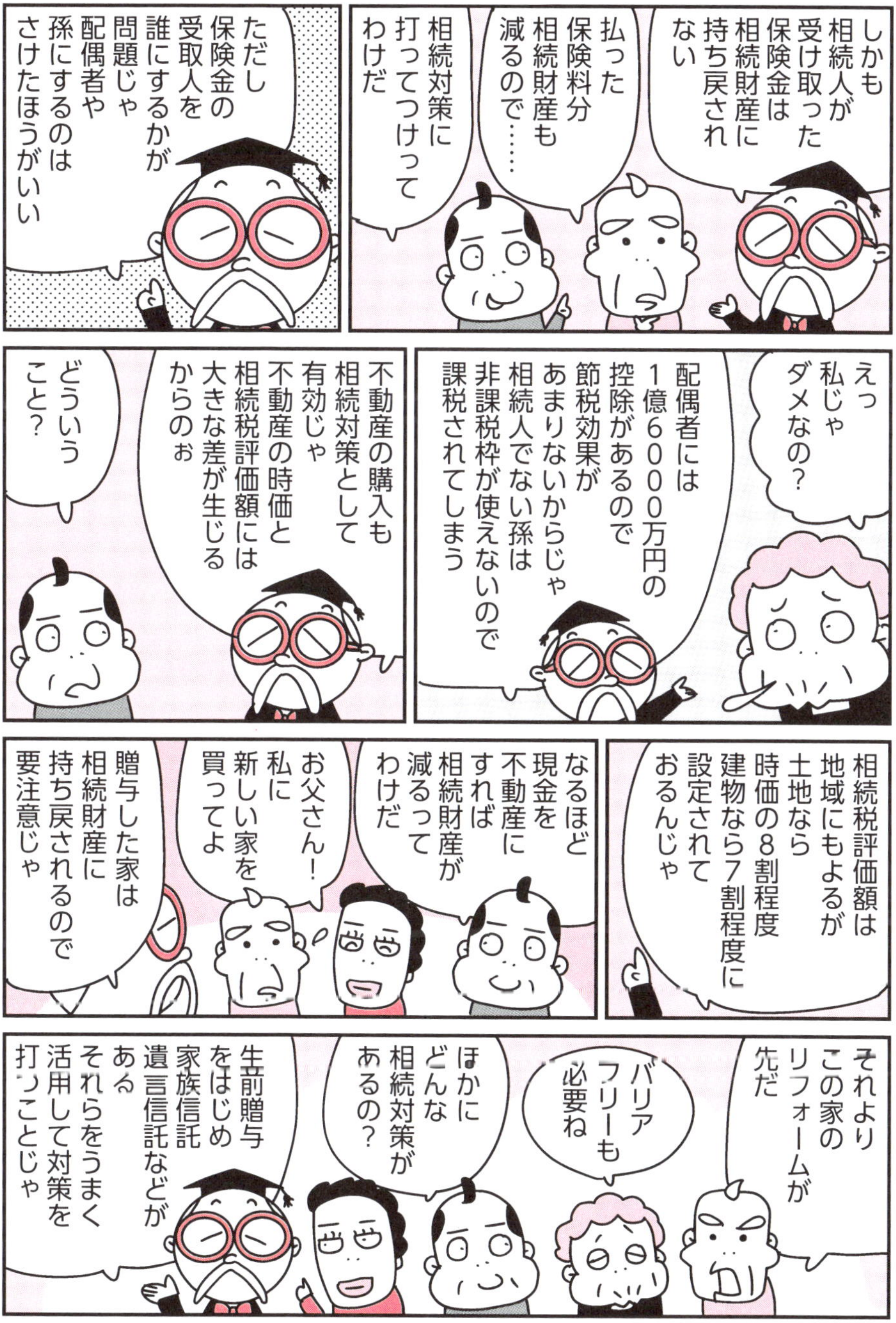
しかも相続人が受け取った保険金は相続財産に持ち戻されない
払った保険料分相続財産も減るので……
相続対策に打ってつけってわけだ
ただし保険金の受取人を誰にするかが問題じゃ配偶者や孫にするのはさけたほうがいい
えっ私じゃダメなの？
配偶者には1億6000万円の控除があるので節税効果があまりないからじゃ相続人でない孫は非課税枠が使えないので課税されてしまう
不動産の購入も相続対策として有効じゃ不動産の時価と相続税評価額には大きな差が生じるからのぉ
どういうこと？
相続税評価額は地域にもよるが土地なら時価の8割程度建物なら7割程度に設定されておるんじゃ
なるほど現金を不動産にすれば相続財産が減るってわけだ
お父さん！私に新しい家を買ってよ
贈与した家は相続財産に持ち戻されるので要注意じゃ
それよりこの家のリフォームが先だ
バリアフリーも必要ね
ほかにどんな相続対策があるの？
生前贈与をはじめ家族信託遺言信託などがあるそれらをうまく活用して対策を打つことじゃ

Q122 生前に「生命保険に加入する」と、なぜ相続税の節税効果が大きいのですか?

A 保険料分の遺産が減って相続税を軽減できるうえ、受け取った生命保険金は課税対象外。

被相続人（故人）が生前に生命保険に加入することは、有効な相続税対策の1つとなります。その主なメリットには、次のようなものがあります。

メリット❶……生命保険の非課税枠［500万円×法定相続人の数］を利用できる

例えば、2000万円の生命保険を妻と2人の子供が受け取った場合、1500万円が非課税となります。

メリット❷……死亡保険金は現金で支払われる

相続人どうしで遺産分割がしやすく、納税資金に充てることもできます。契約しだいで法定相続人以外にも現金を遺すことができ、遺族の生活保障にもなります。

メリット❸……生前に保険料を支払うことで被相続人の財産の総額が減る

相続財産を減らせるうえに、生命保険料控除によって所得税が減るというメリットがあります。

死亡保険金の契約形態と課される税金

契約者（保険料負担者）	被保険者	受取人	課税方法	課される税金
夫	夫	法定相続人	相続税	相続税がかかる。「500万円×法定相続人の数」の非課税枠が使える
夫	夫	法定相続人以外	相続税	相続税がかかる。「500万円×法定相続人の数」の非課税枠が使えない
夫	妻	夫	所得税・住民税	夫の一時所得として所得税と住民税がかかる
夫	妻	子	贈与税	夫から子への贈与とみなされ贈与税がかかる。

契約形態によって課される税金が異なる

生命保険は契約者（保険料を支払った人）、被保険者（保障の対象になる人）、受取人（保険金を受け取る人）をそれぞれ誰にするかによって、保険金を受け取ったさいの課税関係が変わります（右ページ下の表参照）。

一般的な死亡保険金の場合、契約者と被保険者が同じで受取人が異なる場合は相続税が、契約者と受取人が同じ場合は一時所得として所得税・住民税が、契約者・被保険者・受取人が異なる場合は贈与税が課されます。

受け取る金額は同じでも、相続税・所得税・贈与税のどれが課されるかで実際の税負担が変わるので、契約時には「受取人を誰にするか」十分に考慮しましょう。

なお、死亡保険金の中には一時金ではなく、年金で受け取れるタイプもあります。この場合、相続が発生すると年金受給権の評価額が相続税の課税対象になります。さらに、相続人がその年金を受給するたびに雑所得として所得税および住民税が課されます。ただし、年金支給の初年度は全額非課税で、2年め以降は一定の計算によって課税部分が段階的に増加していきます。

Q123 保険金の受取人を配偶者や孫にすると、逆に「損することがある」とは本当ですか？

A 本当。大半の配偶者は税額軽減で課税されず、相続人でない孫は多く課税されることに。

保険金の受取人を配偶者にしている人は多いでしょう。しかし、相続税対策として生命保険に加入するのなら、受取人は子供にしておくべきです。

というのも、**夫婦間では課税財産の1億6000万円まで相続税が非課税になる「配偶者の税額軽減」がある**からです（**夫婦間では相続税は発生しないことが多い**）。**多くの場合、配偶者にメリットはありません。**

それに対して、子供が相続する場合は、生命保険の非課税枠の恩恵を十分に受けられます。

孫は法定相続人ではないので生命保険の非課税枠を使えず、受け取った全額が相続税の対象となります。さらに、税額の2割加算となることにも注意が必要です。

Q124 生前に「不動産を購入する」と、なぜ相続税の節税につながるのですか？

A 不動産は時価と相続税評価額には大きな差が生じるため。評価額は時価の8割程度。

相続税を減らすために、不動産を購入したり、自分が所有している宅地に、預貯金や借金で賃貸物件を建てたりする人がいます。こうした方法が相続税対策として有効なのは、不動産の「相続税評価額」が時価（実勢価格）よりも低くなるからです。

まず、建物は、相続税評価額を「固定資産税評価額」に基づいて算定しますが、これは時価より相当程度低くなるのが一般的です。それに加えて、建物部分の評価は、建築時点から年月が経過するにつれて減少（減価）するため、新築または購入してから時間がたてばたつほど、評価額は下がります。

次に、宅地は、時価ではなく、「路線価方式」または「倍率方式」で評価します。この評価額は時価の8割程度です。賃貸物件の宅地の場合は貸家建付地の評価額となり、さらに評価額が低くなります。

相続や遺贈（遺言で遺産を贈ること）によって取得した宅地などの評価額は、「小規模宅地等の特例」で大幅に軽減できます。一定の条件を満たせば、対象となる宅地の評価額は、「特定居住用宅地等」なら80％減、「貸付事業用宅地等」なら50％減となります。

不動産経営はリスクも大きい

不動産の購入は相続財産の評価額減という点ではメリットがありますが、リスクもあります。また、アパート経営は賃貸事業であり、より高いリスクを伴います。例えば、空室率が高い状態が続いて想定より安い家賃収入しか得られない、運営コストがかさんで建築資金の借入れが滞る、入居者トラブルに巻き込まれるなど。

さらに、相続が発生したさい、相続財産の大半が不動産だった場合には遺産分割が難しく、「争族」の原因となる可能性もあります。不動産の購入にはリスクあることを認識し、十分に検証することが必要です。

Q125 高層マンションを買って評価額を大幅に下げる「タワマン節税」はおすすめですか？

A おすすめできない。評価額が9割下がる例もあるが、将来の売却時に損する危険が高い。

都会に建つタワーマンション（タワマン）の相続税評価額は、工法や材料などによって決まる固定資産税評価額です。立地の利便性や希少性は考慮されず、時価と固定資産税評価額の間に大きな乖離《かいり》が生まれたことから、これを利用する「**タワマン節税**」が横行しました。

そこで、2024年6月以降は築年数、総階数、所有する部屋の階数などを考慮した「従来の評価額×一定の倍率（区分所有補正率）」という評価方法に改められました。そのため、**ほとんどのタワマンの固定資産税評価額が高くなっています。**不動産投資では、購入価格が適正か、将来の資産価値はどうなるかといった判断が求められます。安易に手を出すことはおすすめできません。

不動産の評価額の求め方

■ 宅地の評価方法

- **路線価方式**（市街地の場合）
  評価額＝路線価×補正率等×地積
- **倍率方式**
  （その他＝路線価のない地域の場合）
  評価額＝固定資産税評価額×評価倍率
  （どちらも時価の８割程度）

■ 建物の評価方法

建物部分の評価額＝固定資産税評価額

■ 賃貸不動産の評価方法

- **貸宅地（底地）の相続税評価額**＝自用地の評価額×（１－借地権割合）
- **貸家建付地（アパートが建っている土地）の相続税評価額**＝自用地評価額－（自用地評価額×借地権割合×借家権割合×賃貸割合）
- **貸家の相続税評価額**＝固定資産税評価額－（固定資産税評価額×借家権割合×賃貸割合）
- 貸宅地や貸家建付地、貸家の評価額は、被相続人自身の自用地や自用家屋よりも低くなる

■ 小規模宅地等の特例

- 貸付事業用宅地等（被相続人が賃貸事業を営むために使っていた宅地）
  ➡ 200平方㍍まで50％減
- 特定居住用宅地等（被相続人が住んでいた宅地）
  ➡ 330平方㍍まで80％減

Q126 今話題の「家族信託」は相続対策として有効ですか？どんな仕組みですか？

A 有効。受託者は委託者の財産を運用し、利益を委託者または指定された相続人に還元。

「家族信託」は、高齢者が財産管理を信頼できる家族などに託す契約で、資産運用も託すことができます。財産を託す「委託者（自分）」、託された財産を管理する「受託者」、託された財産からの利益を受ける「受益者」の3者で構成され、認知症対策として利用する場合は「委託者＝受益者」であるケースが多くなります。

家族信託の契約は、トラブルを防ぐために公証役場で公正証書を作成して行います。法律の知識が必要なので、弁護士や司法書士、税理士、行政書士など、家族信託にくわしい専門家に相談したほうがいいでしょう。専門家への相談料は信託財産の額を基準に決めることが多く、目安は財産額の1％前後。ただし、法的な規定はないので、信頼できる専門家を探すことが大切です。

契約書を公正証書にする費用（数万円）、信託の不動産登記にかかる登録免許税（原則として固定資産税評価額の0・3％〈土地〉または0・4％〈建物〉）、司法書士への報酬などがかかります。受託者に報酬を支払うかどうかも契約で決められます。

家族信託の仕組み

■ 家族信託とは
- 家族信託は、高齢者が信頼できる家族に財産管理を託す契約
- 多くの場合、自分が委託者・受益者となり、財産管理を託される家族は受託者となる
- 家族信託の契約は公正証書で交わすのが一般的

契約時点では認知症でないことが条件

家族信託を利用するには、金融機関に受託者名義の「信託口」の口座を開設し、不動産は受託者名義に書き換えます。これによって、受託者の判断で不動産の売買などを行えるようになります。例えば、委託者の自宅を売却して介護施設への入居費用を捻出し、余剰金で賃貸マンションを購入し、その賃料で委託者の生活費を賄うといった活用が可能になるのです。

契約時点では委託者に判断能力があることが必要で、信託口に預け入れる財産はその時点で必要な分だけでよく、追加もできます。停止条件つきの契約なら、認知症の診断が下されるまで委託者本人が自由に財産を使えます。受益者の死亡を想定した契約も可能で、例えば、受益者の父が亡くなった後は母が受益者の地位を引き継ぎ、母の財産を追加するといったこともできます。

近年、家族信託は相続対策としても注目されていますが、当事者どうしに契約可能な意思と能力があることが大前提です。認知症になってからでは遅いので、早めに準備することが大切です。

Q127 家族信託では、託した財産の「相続人を先の先まで決めておける」とは本当ですか？

A 家族信託の契約時に第2受益者・第3受益者を決めておけば二次相続・三次相続が可能。

家族信託（Q126参照）では、**信託財産から利益を受ける「受益者」の死亡を想定した契約も可能です。**

例えば、父を第1受益者、配偶者を第2受益者、子供を第3受益者としておくと、受益者の立場は父から配偶者、さらに子供へとスムーズに受け継がれます。

複数の子供に財産を承継させたい場合は、第3受益者以降は、子供1人ずつとそれぞれ個別に契約を結ぶ方法や、1つの契約に複数の子供を含める（第3受益者を複数にする）方法など、さまざまな契約の仕方があります。

この場合は、一次相続後の二次相続、三次相続の問題までを想定した対応となるので、長期的な視野に立った契約を結ぶことが大切です。

Q128 家族信託を利用するには、どんな手続きが必要ですか？

A 家族と話し合って信託財産などを検討して契約を結ぶ。不動産の変更登記なども必要に。

家族信託（Q126参照）を利用する場合は、次のようなステップを踏むとスムーズに進みます。

❶家族会議を行う

委託者や受託者、受益者、推定相続人（将来相続人になる可能性のある人）を含めて家族会議を行い、全員の合意を得ておきます。家族信託は直接かかわる当事者だけでなく、相続人にも影響する場合があるからです。

❷信託契約書の作成

家族信託の目的、当事者（委託者・受託者・受益者）、受託者の権限、信託する財産、終了時期などを決めたうえで、信託契約書を作成します。公正証書にしておくことをおすすめします。

❸信託登記

現金は信託契約が成立した時点で受託者が管理できるようになりますが、不動産を信託財産とする場合は、その不動産の所在地を管轄する法務局で信託の登記を行います。具体的には、所有権移転登記を行った後、信託登記を行います。

❹信託口の口座の開設

預金口座は、信託銀行などの金融機関で信託財産専用の口座（信託口の口座）を開設します。信託財産の管理は、受託者自身の財産と分けて行うことが信託法で定め

家族信託の利用手順

❶ 家族会議を行う
▼ 参加者全員の合意を得ておく

❷ 信託契約書の作成
▼ できれば公正証書にしておく

❸ 信託登記
▼ 金融機関での審査が必要

❹ 信託口口座の開設
▼ 信託財産専用の口座を開設する

❺ 財産管理の開始
契約に基づき、財産管理を開始

られているからです（分別管理義務）。信託口の口座を開設するには金融機関に公正証書で作成した信託契約書などを提示し、審査に通る必要があります。ただし、信託口の口座を取り扱っていない金融機関もあるので、専門に取り扱う信託銀行に相談するのがいいでしょう。

❺財産管理の開始

受託者は信託契約に基づき、財産の運用や管理を始めます。

ある程度の管理運用の経験が必要

受託者の役割は財産の管理、受益者への分配、税務申告、受益者や委託者への報告、契約の遵守《じゅんしゅ》などさまざまです。そのため、受託者には信頼できることはもちろん、ある程度の財産管理や資産運用の経験があることが求められます。信頼できる受託者を選び、権限を明確にして依頼します。

日々の生活費を管理する程度なら委託者の家族でも行えます。しかし、不動産などの収益物件があって法的手続きが必要となるような場合は、弁護士や税理士といった法律の専門家に依頼することをおすすめします。

Q129 遺言執行を信託銀行などのプロに任せる「遺言信託」は、どんな仕組みですか？

A 請け負った銀行が遺言執行者となり、遺言書の作成・保管から執行までをサポートする。

相続手続きでは、専門的な知識が必要となることが少なくありません。特に、遺言書を作成したいと考えていたり、自分の遺言書が確実に実行されるか不安に思う場合には、**「遺言信託」**を利用することを検討するといいでしょう。

遺言信託とは、信託銀行などの金融機関が遺言書作成の相談から遺言書の保管、遺言の執行まで、相続に関する手続きをサポートするサービスです。遺言信託の契約を結んでおくことで、相続人どうしのトラブルを回避でき、遺言者の「遺志」を確実に実現できます。

遺言信託は、以下の手順で行われます。相続開始前と相続開始後に分け、具体的に説明しましょう。

●相続開始前の手続き

まず、遺言者は、信託銀行などの金融機関の専門スタッフが面談し、遺言書の内容、相続人や対象となる財産などを確認します。

遺言者は、公証役場で**「公正証書」**を作成します。このとき、金融機関のスタッフが証人として立ち合うこともあります。また、事前の相談に基づいて、遺言者が亡くなったときの**「遺言執行人」**（財産に関する遺言を執行する人）として、相談した金融機関を指定します。

その後、金融機関で遺言信託の契約を締結し、遺言者が亡くなったさいに金融機関に知らせる**「死亡通知人」**を指定します。このとき、遺言信託申込書、遺言書正本、相続財産明細、財産に関する資料、戸籍謄本、不動産登記事項証明書、印鑑証明書などが必要になります。

遺言書の内容を信託銀行などが実行

●相続開始後

遺言者が亡くなったときは、死亡通知人が遺言信託の契約を結んだ金融機関に通知します。すると、金融機関が遺言執行者となり、遺言執行業務が開始されます。

具体的には、遺言執行者は遺産（相続財産）をくわしく調査して財産目録を作成します。相続人は金融機関のサポートを受けながら、所得税・相続税の申告を税理士に依頼するなどして、納付手続きを行います。

金融機関が遺言書の内容に基づき、遺産の管理・処分や不動産の名義変更などを行い、遺産の引き渡しを行って、遺言執行業務は終了します。

遺言信託の手続き

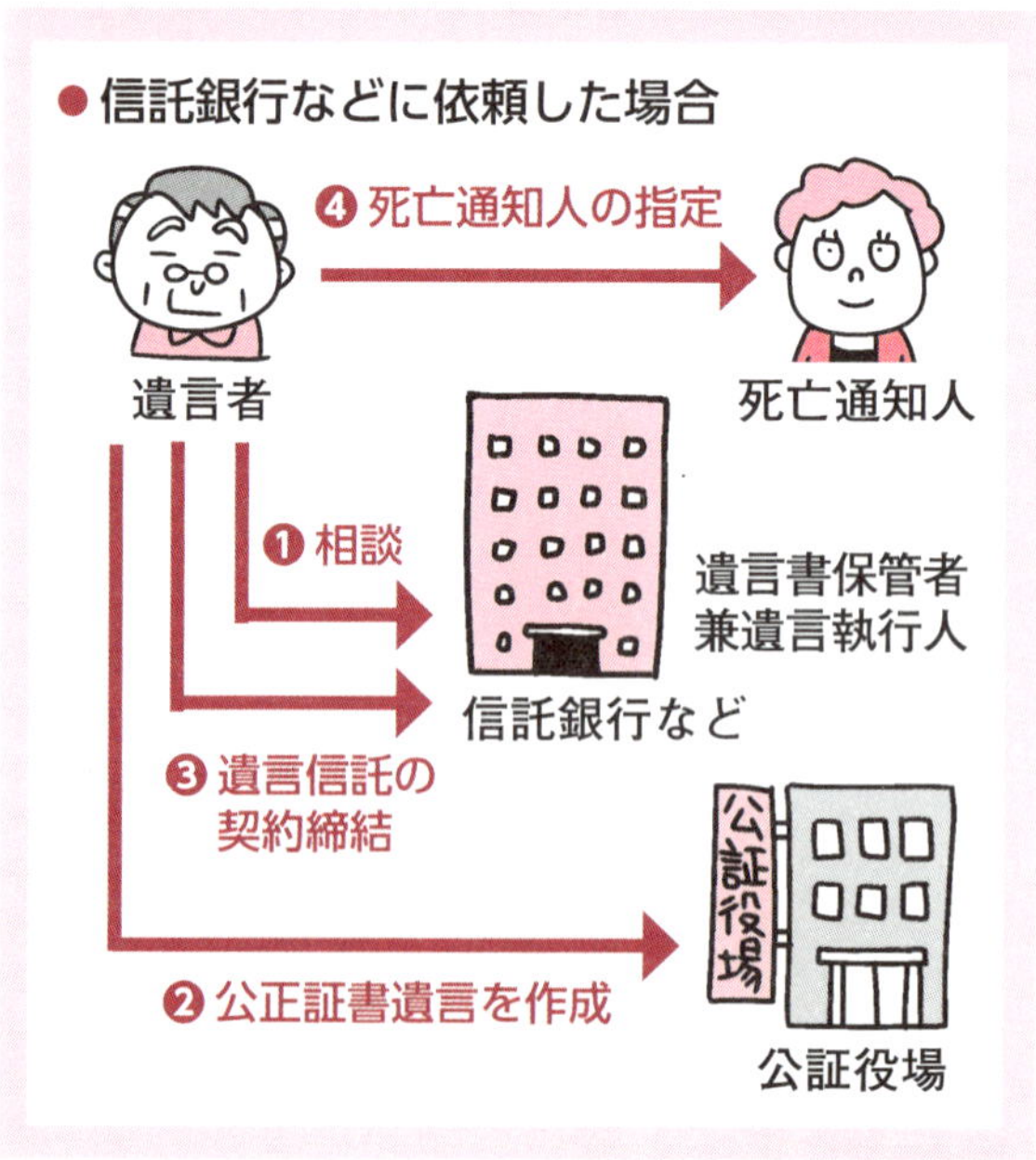

Q130
遺言信託を利用することのメリット・デメリットはなんですか？

A 遺言を確実に執行してもらえる。その反面、費用が高く、最低でも100万円以上かかる。

遺言信託では、信託銀行などの行職員が遺言書の作成から保管、執行までをサポートしてくれます。**お世話になった人など、法定相続人以外の人に遺産（相続財産）を遺贈するのはトラブルの原因になりがちですが、遺言信託なら遺言書が安全に保管され、遺言者の意思が確実に実行されるという安心感があります。**

もちろん、遺言信託を利用するには費用がかかります。遺言信託の申込時に支払う基本手数料のほか、遺言書保管料、遺言書を書き換えた場合の遺言書変更手数料、遺言執行手数料などが必要で、別途、司法書士や税理士に支払う報酬が生じることもあります。

中でも遺言執行手数料は、遺言信託の契約財産に応じて増額するため、高額になりがちです。計算方法は金融機関によって異なりますが、100万円以上の出費となることも珍しいことではありません。

手続きには時間も手間もかかる

遺言信託は、信託銀行などの金融機関に申し込んですぐに利用できるわけではありません。遺言書の作成や信託財産専用の口座（信託口の口座）を開設するための審査など、金融機関との契約を結ぶまでには、時間も手間もかかります。遺言書を遺したいと考えたなら、早めに、**金融機関や弁護士、税理士などのお金のプロに相談するといいでしょう。**また、遺言書を金融機関に預けてあることを相続人に伝えておくと、相続トラブルの回避にもつながるでしょう。

なお、遺言信託における遺言執行業務は、遺言内容に沿った遺産分割や財産移転を行うもので、相続人どうしの紛争に介入して解決することはできません。その点を理解しておく必要があります。

解説者紹介

掲載順

東池袋法律事務所
弁護士

根本達矢《ねもとたつや》

弁護士（2015年登録、東京弁護士会）。2020年2月より東池袋法律事務所（現職）。学生時代に家族が法的トラブルに巻き込まれたさい、周辺に相談する弁護士がいなかったことに問題意識を持ち、その問題に取り組むことを決意。国の設立した支援機関「法テラス」の常勤弁護士として司法過疎地に赴任し、司法アクセスの改善に取り組んできた。現在は地域に密着し、必ずしも強い立場にない依頼者の相続紛争に対応し、数多くの問題を解決。紛争を解決するだけでなく、依頼者が新しい歩みを進めるきっかけを作ることを行動理念としている。主な著書は『自分と家族の生前の整理と手続きQ＆A大全』（共著・文響社）、『弁護士が教える　自分と家族の生前整理ノート』（監修・文響社）、『葬式・お墓のお金と手続きQ＆A大全』（共著・文響社）、『遺産分割実務マニュアル』（共著・ぎょうせい）など。

山本宏税理士事務所所長
税理士

山本《やまもと》　宏《ひろし》

山本宏税理士事務所所長（税理士）、ＣＦＰ（1級ファイナンシャル・プランニング技能士）。中小企業オーナー、個人資産家に対する事業承継および相続対策を得意業務とするほか、ＣＦＰとして専門の金融知識を生かした資産運用相談・不動産有効活用・財産管理などの業務も幅広く行っている。特に、常にカスタマー目線で行う税務サービスなどの提供に定評がある。著書に『マンガでわかる！もめない相続・かしこい贈与』（わかさ出版）、『身近な人の死後の手続きQ＆A大全』（共著・文響社）、『年金暮らし ひとり老後のお金と手続きQ＆A大全』（共著・文響社）などがあり、テレビ・新聞・雑誌のコメントや執筆でも活躍中。

山本文枝税理士事務所所長
税理士

山本文枝《やまもとふみえ》

山本文枝税理士事務所所長（税理士）、ＡＦＰ（アフィリエイテッド・ファイナンシャルプランナー）。法人・個人の顧問業務、相続業務等すべての分野で顧客第一主義に基づき、真摯に相談に応じ顧客のニーズに応えることをモットーとしている。多くの相続業務の経験を生かした生前対策の提案や、ＡＦＰとして培ってきた専門的な金融知識を生かし、顧客の資産運用相談などを積極的に行うことで定評がある。著書は『身近な人の死後の手続き Q&A 大全』（共著・文響社）、『定年前後のお金と手続き Q&A 大全』（共著・文響社）、『年金暮らし ひとり老後のお金と手続き Q&A 大全』（共著・文響社）など。

ことぶき法律事務所
弁護士

佐藤省吾《さとうしょうご》

ことぶき法律事務所所属（弁護士）第二東京弁護士会登録。中央大学法学部法律学科卒業、慶應義塾大学法科大学院修了。第二弁護士会「高齢者・障がい者総合支援センター：ゆとりーな」相談担当、法テラス東京相談担当などで遺産相続、遺言、成年後見制度等の法律相談を担当するほか、成年後見人としても活動。その他、第二東京弁護士会子どもの権利に関する委員会委員。著書は『身近な人の死後の手続きＱ＆Ａ大全』（共著・文響社）、『弁護士が教える　身近な人の死後の手続きノート』（監修・文響社）、『どう使う　どう活かす　いじめ防止対策推進法』（共著・第二東京弁護士会子どもの権利に関する委員会編）など多数。

佐藤正明税理士・社会保険労務士事務所所長
税理士・社会保険労務士・日本福祉大学非常勤講師

佐藤正明《さとうまさあき》

佐藤正明税理士・社会保険労務士事務所所長（税理士・社会保険労務士）、ＣＦＰ（１級ファイナンシャル・プランニング技能士）、日本福祉大学非常勤講師。小規模事業者の事業育成・新規開業のサポートをはじめ、税務、会計、社会保険、相続・事業承継、年金相談など多角的な視点でのアドバイスを行っている。テレビ番組で年金・社会保険・税金のコメンテーターとしても活躍中。著書は『自分と家族の生前の整理と手続きＱ＆Ａ大全』（共著・文響社）、『年金暮らし　ひとり老後のお金と手続きＱ＆Ａ大全』（共著・文響社）、『2000万円不足時代の年金を増やす術 50』（ダイヤモンド社）、『大切な人が亡くなった後の手続き　完全ガイド』（高橋書店）など多数。

相続・贈与のお金と手続き
弁護士・税理士が教える
最善の進め方Q＆A大全

2025年4月8日　第1刷発行

編 集 人　小俣孝一
シリーズ企画　飯塚晃敏
編　　集　わかさ出版
編集協力　菅井之生
香川みゆき
瀬田　宏
中平都紀子
装　　丁　下村成子
D T P　菅井編集事務所
イラスト　前田達彦
発 行 人　山本周嗣
発 行 所　株式会社文響社
ホームページ　https://bunkyosha.com
お問い合わせ　info@bunkyosha.com
印刷・製本　中央精版印刷株式会社

ISBN　978-4-86651-919-7

「相続・贈与の各種手続き」は、みなさんがお住まいの地域によって詳細が異なる場合があります。事前に届け出先の市区町村役場、健康保険組合・協会けんぽ、年金事務所などに確認したうえで、手続きをお進めください。本書の内容は発売日時点の情報に基づいています。法律、税金、年金などの個別のご相談には応じられません。マンガや書式例の記載内容は実在する人物、住所などとは関係ありません。